CW00704858

JUST LOVE

Fragen & Antworten

JUST LOVE

Fragen & Antworten

EINE ZUSAMMENSTELLUNG VON SATSANGS

Erster Band

SRI SWAMI VISHWANANDA

DAS WIRD AUCH VORÜBER GEHEN   215

VORWORT

Wir freuen uns, Euch die erste Ausgabe der "Fragen und Antworten"-Reihe von JUST LOVE in deutscher Sprache zu präsentieren. Sie beinhaltet über 130 Fragen, die Sri Swami Vishwananda in sieben Satsangs während den letzten Jahren in Deutschland, Kroatien, Serbien, der Schweiz und in Schottland gestellt wurden. Die „Fragen und Antworten"- Reihe ergänzt die ursprüngliche JUST LOVE Trilogie der Bücher mit Darshan-Vorträgen.

Während die Antwort auf alle Fragen wie: Wer bin ich? Wer bist Du? Wer ist Gott? Was sollte ich tun? Was ist die Bedeutung des Lebens? - schließlich "EINFACH nur LIEBE" ist, verlangt unsere menschliche Natur viele Antworten mehr auf eine Vielzahl von Fragen in Bezug auf die Herausforderungen des Lebens. Manche Fragen sind tiefgründig, andere eher etwas oberflächlicherer Natur, aber alle verdienen gebührende Aufmerksamkeit. Die Liebe – Sinn und Zweck des Lebens – wendet sich allen zu wie eine liebende Mutter, die für alle ihre Kinder gleichermaßen sorgt und sich in allen Lebenslagen um sie kümmert.

Mögest Du viel Freude mit der ersten Auswahl an Fragen und Antworten haben, mögest Du oft lächeln und mögest Du wertvolle Inspirationen für Deinen spirituellen Weg finden. Und vielleicht wachst Du dann in einem neuen Lebensabschnitt mit einem breiten Grinsen im Gesicht auf, weil Du erkannt hast, dass die Welt so wie Du sie kanntest, tatsächlich untergegangen ist – nicht wegen der weitverbreiteten Vorhersagen wie sie zum Beispiel für das Jahr 2012 oder andere Weltuntergangs-Szenarien formuliert worden sind, sondern weil Du eine völlig neue Lebensperspektive gefunden hast, wie jemand, der zwar in dieser Welt lebt, aber nicht von dieser Welt ist.

Springen, Deutschland, 15. Dezember 2013
S.K. im Auftrag des Verlag-Teams

JUST LOVE

LIEBE

Liebe ist alles

JUST LOVE

LIEBE

Was ist Liebe?

Edinburgh, Schottland, 6. Mai 2012

SV: Was ist Liebe?

Zuhörer: Liebe ist Gott.

SV: Liebe ist Gott. Ja. Aber was ist Liebe?

Zuhörer: Geben.

Zuhörer: Ist sie Energie?

SV: Weiter, weiter, weiter.

Zuhörer: Gott in seinem Bruder zu sehen.

SV: Gott in seinem Bruder zu sehen? Sieh Gott in jedem! Und auch in allem, nicht nur in Deinem Bruder sondern sogar in Bäumen und auch in Tieren. Aber was ist Liebe?

Zuhörer: Liebe ist geduldig, Liebe ist gütig.

Zuhörer: Zustand der Heilung.

Zuhörer: Liebe ist die Verbindung zwischen uns und Gott.

Zuhörer:	Wie viele von uns wissen, was Liebe ist, außer Dir?
	[Zuhörer lachen]
SV:	Das ist wahr.
Zuhörer:	Liebe ist alles.
SV:	Das ist es! Genau! Das wollte ich hören, aber jeder hat die *Eigenschaft* von Liebe angegeben, aber nicht Liebe selbst.

Seht, Liebe ist alles. Alles. Was auch immer, wie auch immer, alles um Euch herum ist Liebe. Alles was wir gerade erwähnt haben, „Liebe ist Leben, Liebe ist gut, Güte, Liebe ist ...", das sind *Qualitäten* von Liebe. Das ist nicht Liebe, sondern ihre *Eigenschaft*, die mit ihr verbunden ist. Es ist also sehr schwierig, Liebe in Worte zu fassen, denn Liebe ist Erfahrung. Sie ist die höchste Erfahrung des Lebens. Denn das ist es, was Ihr seid. Und das ist es, was Ihr *immer* sein werdet. Ob der Verstand da ist oder nicht, ob Ihr die Freude des Lebens wahrnehmt oder nicht, Ihr *seid* Liebe. Und es wird immer sein, bis Ihr diese Liebe durch Euch leuchten lasst.

Wenn ich Liebe erklären müsste, dann wäre dies in Stille. Denn nur durch die Verbindung, die wir mit unserem Herzen haben, können wir uns über Liebe unterhalten. Nicht durch Worte, denn Worte sind sehr begrenzt. Wenn ich manchmal mit Babaji spreche, wisst Ihr, wenn wir sprechen, dann sprechen wir nicht wie jetzt verbal. Wir sprechen mit dem Herzen, und das ist es, wo Ihr sein sollt.

Um sich zu unterhalten, um Liebe zu verstehen, müsst Ihr beginnen, mit dem Herzen zu sprechen. Nicht mit dem Verstand. Denn verbale Kommunikation durch den Verstand ist die niedrigste

Form der Kommunikation. Um also etwas zu erfahren, um Euch zu sagen, was Liebe ist, wisst Ihr – wir können über die *Qualitäten* der Liebe sprechen, aber ich lasse Euch die tiefere Liebe in Euch erfahren. So, wie er sagte: Liebe ist alles.

Nehmt diese Liebe in jedem Teil von Euch wahr. Jede Eurer Zellen trägt sie in sich. Seid Euch dessen gewahr. Dann werdet Ihr Liebe erfahren. Denn es ist nicht nur eine einzelne Person, die sagen kann: „Ich bin der Einzige, der Liebe hat." *Jeder* hat sie. Jeder Teil der *Schöpfung* hat sie. Denn wenn Gott Sich Selbst manifestiert, dann manifestiert Es Sich in das Erhabene, projiziert Sich Selbst überall hinein, in Bäume, in Tiere. Sehr oft nehmen diese das viel mehr wahr, als die Menschen, denn die Menschen sind so sehr durch ihr Gehirn, durch den Verstand gebunden, dass sie es vergessen.

Als wir mit dem Zug hierher kamen, zeigte mir mein Cousin etwas über die beiden Leute in London, die einen Löwen gekauft hatten, als er noch klein war. Sie haben ihn in einem Geschäft in London gekauft und der Löwe wuchs bei ihnen auf. Es gab einen Laden dort, in dem man in den Siebzigern Löwen verkaufte. Es ist wahr, wisst Ihr, deshalb gibt es Leoparden im Wald in England. Denn sie verkauften sie, und danach ließen sie sie in der Natur frei. Diese Leute hatten also einen Löwen und er wurde sehr groß, und sie sagten: „Oh, er ist zu groß. Wir können ihn nicht mehr behalten", und sie brachten ihn zurück nach Kenia in die Wildnis. Als sie den Löwen nach vier Jahren besuchten, hatten sie Angst, dass der Löwe sie nicht wiedererkennen würde. Aber als sie näher kamen, rannte der Löwe auf sie zu und umarmte sie wieder, und spielte, und leckte sie ab, so wie es früher gewesen war, und das ist Liebe, wisst Ihr. Und wenn ein Tier solche Liebe geben kann, warum können das die

Menschen nicht? Manchmal müssen die Menschen so viel von der Natur lernen. So viel von den Tieren!

Das ist also die Schönheit der Liebe. Ihr könnt sie überall finden! Nicht nur die Menschen können den Anspruch erheben, dass sie diese Liebe haben. Nein. Sie ist *überall*.

● ● ●

Du sagst oft, dass wir damit beginnen müssen, indem wir uns selbst lieben. Aber was bedeutet es, uns selbst zu lieben und wie können wir das tun?

Shree Peetha Nilaya, Springen, Deutschland, 10. Februar 2012

Nun, sich selbst zu lieben bedeutet, sich selbst anzunehmen. Mit allem, so wie Ihr seid. Euch so anzunehmen, wie Gott Euch geschaffen hat. Wenn Ihr lernt, auch Eure ganze Negativität und Positivität anzunehmen, dann werdet Ihr auch lernen, darüber hinaus zu gehen.

● ● ●

Lieber Guruji, wie können wir bedingungslose Liebe für uns selbst und auch für andere entwickeln?

Shree Peetha Nilaya, Springen, Deutschland, 10. Februar 2012

Nehmt Euch selbst so an, wie Ihr seid und nehmt andere so an, wie sie sind.

● ● ●

Wenn ich hier im Ashram bin, dann kann ich Liebe und die Liebe Gottes fühlen. Draußen ist es schwierig. Was können wir tun, um zu Hause das zu fühlen, was wir hier fühlen?

Shree Peetha Nilaya, Springen, Deutschland, 6. Januar 2012

Nun, schließt Eure Augen und denkt an den Augenblick. Denkt an diese Liebe.

Denkt Ihr, dass Gottes Liebe sich nur auf hier beschränkt? Nein, Seine Liebe ist nicht nur auf hier beschränkt. Wo Ihr auch seid, tragt Ihr Gottes Liebe in Euch. Vom ersten Tag an, vom Augenblick Eurer Geburt, tragt Ihr diese Liebe in Euch. Schließt also Eure Augen und seht das, wo immer Ihr seid, auf andere Weise.

Wenn Ihr beginnt, auf eine andere Art und Weise zu sehen, werdet Ihr glücklich sein, wo immer Ihr seid. Ihr werdet Gottes Liebe fühlen, wo immer Ihr seid.

∙ ∙ ∙

Wie inspiriert man andere, Liebe für andere zu empfinden? Oder ist dies unmöglich? Müssen sie erst spirituelle Übungen machen?

Edinburgh, Schottland, 6. Mai 2012

Nein. Wenn Ihr jemanden inspirieren möchtet, Liebe für andere zu empfinden, beginnt damit, selbst Liebe zu fühlen. Beginnt damit, Liebe zu erkunden, Liebe zu werden. Das wird andere inspirieren, Ihr müsst niemanden überzeugen.

∙ ∙ ∙

Es ist leicht, jemanden zu lieben, den wir kennen und sehen ...

SV: Woher wisst Ihr, dass Ihr diese Person kennt?

... aber wie können wir Gott lieben, wenn wir Ihn nicht sehen?

Shree Peetha Nilaya, Springen, Deutschland, 6. Januar 2012

Aber das ist, was Er will – dass Ihr Ihn seht. Er will, dass Ihr Euch nach Ihm sehnt. Deshalb hat Er alle diese Formen, all diese Aspekte gegeben, damit Ihr Euch auf sie konzentriert, so dass Er Sich Euch offenbaren kann. So dass Ihr Ihn wirklich lieben könnt. ´Wie können wir Gott lieben wenn wir Ihn nicht sehen?` Schaut Euch um. Ist nicht Er es, Der überall manifestiert ist? Eh? Warum also seht Ihr Ihn nicht? Schaut Euch um. Öffnet Eure Augen und seht. Er ist ringsherum. Das ist ein Teil von Ihm.

●　　●　　●

BHAKTI

Kannst Du bitte über die große Liebe sprechen, welche die Gopis für Krishna hatten? Ist es uns möglich, diese Ebene zu erreichen?

Shree Peetha Nilaya, Springen, Deutschland, 10. Februar 2012

Nein, es ist nicht möglich. Ihr könnt *versuchen*, so zu werden wie sie, aber wie die Gopis zu werden... sehr schwierig.

Seht Ihr, es wird gesagt dass die Liebe der Gopis – wenn ich jetzt Gopis sage, dann meine ich nicht nur diejenigen, mit denen Krishna die Rasa Lila machte, ich meine jeden der bei Krishna war, der die Bal Lila Shri Krishnas erlebt hat – sie waren nicht bloß Seelen. Um in Seiner Nähe zu sein bedeutet, dass alle diese Seelen hoch entwickelte Wesen waren, die sich in Seine Umgebung manifestierten. Und darin spielte Er Seine Lila.

Ob man in diesem Leben diese Perfektion erreichen kann – es *ist* möglich sie zu erreichen – dann geschieht dies nicht durch Euer eigenes Bemühen, sondern nur durch Seine Gnade. Denn nur Seine Gnade kann Euch eine so intensive Liebe erfahren lassen.

Deshalb sagte ich am Anfang: „Nein, Ihr könnt nicht erreichen was die Gopis haben", aber Ihr könnt es versuchen. Indem Ihr versucht Ihn aus ganzem Herzen zu lieben. Denn, seht Ihr, in den Gopis – in ihrem Selbst, da gab es kein einziges Atom, das Krishna nicht geliebt hat. Von morgens, wenn sie aufwachten, bis sie schliefen war Krishna ständig in ihrem Kopf. Jeder Atemzug war Er. Wie viele auf dem spirituellen Gebiet sind so? Nicht viele. Aber es ist nicht unmöglich, Seine Gnade zu erlangen.

Viele Heilige haben Seine Liebe, Seine Gnade erlangt. Wenn sie sie erreicht haben, dann bedeutet dies, dass sie für jeden erreichbar ist, aber zuerst müsst Ihr lernen, Euch selbst zu vergessen. Wenn Ihr das Ich, Ich, Ich, Ich, Ich immer an die erste Stelle setzt, wo ist da der Platz für Ihn? Mit dem Ich, Ich, Ich ist es unmöglich, Ihn zu erreichen. Aber wenn das Ich abgeschnitten ist, wenn das Ego entfernt ist ..., denn das ist es, wofür Spiritualität steht. Die Spiritualität spricht davon, dass das Ego die Ursache für alles Leiden und allen Schmerz ist. Wenn das Ego entfernt wird, dann wird nur Er leuchten. Aber dafür müsst Ihr lernen, das Ich zu entfernen, Stück für Stück.

Unter dem großen Aspekt des Ich ist es schwierig, aber mit Seiner Gnade sehr gut möglich. Tut also alles, um Seine Gnade zu erlangen. Tut alles, um Ihn zu erreichen, auch wenn es schwer ist. Deshalb sage ich immer, nehmt das Leben der Heiligen [als Beispiel]. Wir haben gerade in einer anderen Frage gesagt: „In tiefem Leiden, was können wir daraus lernen?" Wir können lernen, uns hinzugeben! Komme, was da wolle, die Heiligen entfernen sich niemals von ihrem Glauben, sie entfernen sich nie von dem, woran sie glauben. Und so muss man sein.

Aber stellt Euch vor, wenn man sich analysiert, sieht man, wie viele Klagen man hat. „Nun, ich tue all das, ich erreiche gar nichts. Ich tue dies, aber ich sehe nichts, ich tue das, nichts passiert." Eh!? In einer solchen Haltung gibt es keine Hingabe.

Was bedeutet das Wort „Hingabe"? Was ist das für ein Wort? Es bedeutet, Vertrauen in Gott haben, Gott zu lieben. Es bedeutet auch, sich selbst loszulassen und sich in Seine Hände zu begeben.

Letzte Woche war ich auf einer Pilgerreise. Wir haben mit einem Priester gesprochen. Er sagte, sie hatten ein tiefgreifendes Problem. So, wann immer er in die Kirche ging war er so ärgerlich auf jemanden, der ihm so viele Probleme bereitete, der ihn angriff, der ihn vergiftete; das Grausamste was man tun kann, das tat man diesem armen Priester an. Er ging also in die Kirche und begann zu sagen: „Oh, weißt Du, ich bin müde! Bitte schaffe diese Leute aus der Welt", und er war sehr verärgert.

Eines Nachts erschien ihm ein Heiliger und sagte zu ihm: „Warum sorgst du dich? Warum machst du dich mit diesem und jenem verrückt? Du tust was du zu tun hast, aber tue es entspannter, und lass *uns unsere* Arbeit tun!" Und schließlich erkannte er es. „Ups!", wisst Ihr. Und von diesem Augenblick an hörte er auf, sich zu sorgen. Er vertraut einfach und überlässt es den Heiligen, überlässt es Gott. Innerhalb von drei Tagen war sein Problem beendet, was Euch zeigt, dass Ihr die meisten Probleme selbst verursacht.

Seht Ihr, ein Problem kann sehr klein sein, aber Ihr könnt es ausdehnen und verlängern. Das ist es, was Ihr immer macht. Oder, Ihr könnt es ganz loslassen und es in Gottes Hand belassen. Er soll sich kümmern. Er hat es gegeben, Er hat eine Lösung dafür.

Vertraut darauf.

Es ist dasselbe, wenn Ihr vertraut und Euch wirklich danach sehnt, die Liebe zu haben, die die Gopis haben, den Gopi-Bhav zu haben, dann ist es nicht unmöglich. Der Herr wird es Euch einfach so geben! Aber seid Ihr dessen *würdig*? Seid Ihr *bereit* dafür? Man wird sagen: „Ja, ja, ich bin bereit!"(Swamiji lacht). Ich sage Euch eines: Zu sagen "ja, ja", man sei bereit, und wirklich bereit zu sein, das sind zwei verschiedene Dinge.

Denn wenn der Herr Euch alles gibt, denkt nicht, dass alles "aah, erfreulich, erfreulich, aha-haha" sein wird. So ist das nicht. Die Gopis hatten von morgens bis abends ihre Gedanken bei Krishna. Was sie auch taten, ihre Gedanken waren bei Krishna. Wohin sie auch gingen, es gab nur Krishna, sonst nichts. Aber in ihrem Leben gab es auch Kämpfe, mit ihren Ehemännern zum Beispiel. Aber sie hörten nicht auf, Krishna zu lieben. Sie hörten niemals auf, Krishna zu lieben.

Egal was ihnen begegnete, sie liebten Krishna. Also, wenn man so liebt, dann wird Er Euch natürlich die Gnade schenken, den Gopi-Bhav in Euch zu erwecken, denn das ist Teil von Bhav. Das ist ein Aspekt von Bhav, der auf dem spirituellen Weg erweckt wird. Genauso, man kann das sehr deutlich sehen, muss sogar der Herr selbst Sich manifestieren und die Liebe dieses Bhavs zum Ausdruck bringen, wisst Ihr? Er brachte diese Form von Bhav in der Gestalt von Chaitanya Mahaprabhu zum Ausdruck. Und danach hat Er sich viele Male manifestiert.

●　●　●

Swamiji, jemand hat einmal gesagt, der schnellste Weg zum Göttlichen sei durch Bhakti. Wenn man ein Jnana Yogi ist, kann man auf den Bhakti Weg wechseln? Gibt es eine Wahl? Oder ist es nicht wichtig, weil am Ende alle Wege zum selben Ziel führen?

Shree Peetha Nilaya, Springen, Deutschland, 6. Januar 2012

Nun, wenn man ein Jnani ist, muss man nur Bhakti in sich erwecken. Das ist alles verbunden, wisst Ihr. Karma Yoga, Bhakti Yoga und Jnana Yoga. Das sind die drei Wege, die nicht voneinander getrennt sind. Selbst wenn ein Jnani immer sagt: „Ja, ja, ja", aber der Verstand ist sehr aktiv, wird automatisch von Zeit zu Zeit Bhakti erwachen, denn man wird die Begrenzung des Jnana durch den Verstand erkennen. Automatisch wird Bhakti da sein. Und wo Bhakti Yoga und Jnana Yoga sind, wird auch Karma Yoga sein. Diese kommen also immer zusammen. Glaube nicht, dass es auf dem Bhakti Weg kein Jnana Yoga gäbe. Wie viele Leute sagen: „Ja, ja, ja, Bhakti, Bhakti, Bhakti", aber dennoch sind sie ständig am Diskutieren und Lesen und dies und das – wie würdest Du das nennen? Bhakti? Nein! Das beschreibt sehr stark Jnana. Aber dennoch nennen sie sich Bhaktas, weil sie chanten. Normalerweise kommen alle drei zusammen, und wenn man dieses tiefe Bhakti in sich trägt, wird man automatisch dahin kommen zu dienen, anderen Menschen zu helfen, dies zu erreichen. Deshalb sagte ich, das Teilen von Erfahrungen und das Sprechen über Euren spirituellen Weg trägt auch dazu bei.

Das ist Karma Yoga, wisst Ihr? Karma Yoga bedeutet nicht immer, loszuziehen und zu dienen, denn dienen hat *viele* Formen. Sehr oft, wenn Menschen über Karma Yoga sprechen, dann denken sie nur: „Ok, ich werde in ein armes Land gehen, ich werde dort dienen." Nein! Wo immer Ihr seid, verrichtet Euren Seva dort. Das hilft auch, denn Hilfe hat viele Formen.

* * *

Welche Form der Hingabe, des Gottesdienstes ist die beste? Gebete? Rituale? Seva?

Shree Peetha Nilaya, Springen, Deutschland, 6. Januar 2012

Ich sagte es gerade, wisst Ihr?

Nun, womit auch immer Ihr Euch wohlfühlt, tut es. Und stellt es nicht in Frage. Solange Ihr dazu eine Frage habt, bedeutet dies, dass Ihr noch nicht richtig dabei seid. Ihr fühlt Euch nicht wohl dabei.

* * *

HERZ

Jesus sagte: „Gesegnet sind die, welche reinen Herzens sind, denn sie werden Gott sehen." Wann ist das Herz rein? Was ist damit gemeint?

Möhlin, Schweiz, 21. Juni 2011

Nun, das Herz ist immer rein. Es ist der Verstand, der nicht rein ist.

Siehst Du, in Deinem Herzen wohnt der Herr. Wie kann es nicht rein sein? Doch es ist der Verstand der Menschen, der geändert werden muss. Er muss positiv werden. Das ist, was Reinheit ist.

* * *

Wie können wir unsere Herzen offen und liebend halten, wenn wir Menschen leiden sehen, so angefüllt mit Verzweiflung und Angst?

Edinburgh, Schottland, 6. Mai 2012

Nun, wenn jemand leidet und Ihr setzt Euch hin und leidet mit dieser Person, *hilft das* dieser Person? Es ist, wie wenn ich zu einem

Arzt gehe. Ich bin krank. Ich gehe zum Doktor und sitze beim ihm und wenn ich ihm erzähle, was ich habe, setzt sich der Arzt hin und weint mit mir. Hilft mir das? Es wird nicht helfen! Es wird es schlimmer machen.

Wenn Ihr also das Leid um Euch herum seht, und die Verzweiflung, die Angst – öffnet Euer Herz *mehr*, denn das ist eine Zeit wo Ihr *liebevoller, einfühlsamer* sein müsst! Denn wenn Ihr Euer Herz verschließt, wird es nicht helfen, es zu verändern.

● ● ●

DER SINN DES LEBENS

Was ist der Sinn des Lebens?

Shree Peetha Nilaya, Springen, Deutschland, 6. Januar 2012

Also, was ist der Sinn des Lebens? Ihr lebt alle, Ihr solltet es besser wissen, nicht? Lasst uns mal sehen, im Publikum. Ihr alle, sagt mir: „Was ist die Bedeutung von Leben?"

Seht, ich habe es nicht gern, wenn ein Satsang langweilig ist! Ich weiß, Ihr habt die Frage geschrieben. Ich weiß, Ihr habt auch für den Satsang bezahlt. Doch seht Ihr, wenn es langweilig ist, werdet Ihr schlafen, richtig? Nun, was mich betrifft, um es nicht langweilig zu machen, werde ich auch Euch die Frage stellen. Da Ihr lebt, ist dies eine sehr interessante Frage. Ihr lebt, Ihr solltet wissen, was der Sinn des Lebens ist, warum Ihr lebt. Also sagt es mir. Hebt einfach die Hand und sagt etwas, irgendetwas, was Ihr wisst. Auch wenn es dumm ist, es spielt keine Rolle... Macht weiter, macht weiter.

Zuhörer: Der Sinn des Lebens ist Leben.

SV: Ok....nicht. [*Lachend*]

Zuhörer: Gott verwirklichen.

SV:	Hmmm. Gut. Was sonst noch?
Zuhörer:	Erfahrung.
SV:	Erfahrung, ja. Was sonst?
Zuhörer:	Der Sinn des Lebens ist Liebe zu Gott.
SV:	Fahrt fort, fahrt fort, sagt mir mehr, bitte.
Zuhörer:	Spaß.
Zuhörer:	Den Kreislauf der Wiedergeburt zu beenden, Samsara.
SV:	Sagt mehr, bitte.
Zuhörer:	Verwirklichen, wer man ist.
SV:	Verwirklichen, wer man ist...
Zuhörer:	Selbstverwirklichung.
SV:	Wer man ist?
Zuhörer:	Selbstverwirklichung.
SV:	Ja, nun, das ist dasselbe.
Zuhörer:	Kinder Gottes.
SV:	Macht weiter, bitte. Ah, Mataji erzähle mir.
Zuhörer:	Mit der Göttlichen Liebe in Dir zu verschmelzen.
SV:	Zu verschmelzen, oder zu dieser Göttlichen Liebe zu werden?
Zuhörer:	Das ist eine interessante Frage.
SV:	Du kannst nicht mit etwas verschmelzen, wenn Du es schon bist.

Zuhörer:	Ja, das stimmt.
SV:	Ja.
Zuhörer:	Das Spiel von Atma.
SV:	Das Spiel? Gut... Fahrt fort, bitte, mehr.
Zuhörer:	Ich denke, es ist, um Gott zu erfreuen.
SV:	Wie erfreust Du Gott?
Zuhörer:	Zuerst findest Du Ihn und dann versuchst Du es zu fühlen.
SV:	Wo findest Du Ihn?
Zuhörer:	Nun, Er versteckt Sich.
SV:	Wo versteckt Er Sich?
Zuhörer:	Er versteckt Sich......eigentlich ist es geheim. Ich kann es Dir nicht sagen.

[Swami und die Zuhörer lachen aus vollem Herzen.]

SV:	Diese Antwort gefällt mir!

Seht, der Sinn des Lebens hat für jeden unterschiedliche Bedeutungen. Natürlich, weil Ihr auf dem spirituellen Weg seid, ist für Euch der Sinn des Lebens anders. Im Großen und Ganzen, das Höchste ist natürlich, am Ende das Göttliche zu erreichen. Es gibt nichts anderes, wisst Ihr. Bevor man diese Göttlichkeit erreicht, bevor man die Gnade Gottes erlangt, bevor man diese Liebe verwirklicht, wie Mataji sagte, geht man durch viele Bedeutungen.

Siehst Du, für einige Menschen bedeutet ein Auto ein Leben. Für einige bedeutet ein Haus ihr ganzes Leben. Für einige Leute bedeutet der Hund ihr ganzes Leben. Aber es stimmt. Der Sinn des Lebens ist das, worauf auch immer man ihn richtet. Oder auch eine Katze bedeutet ein ganzes Leben. Entschuldige, ich vergaß die Katze. Seht Ihr, der Sinn des Lebens hängt davon ab, auf was Ihr ihn richtet. Richtet Ihr ihn auf das Göttliche aus, werdet Ihr Ihn erreichen. Richtet Ihr ihn auf irgendjemanden – wenn es so bestimmt ist, werdet Ihr diese Person bekommen. Richtet Ihr ihn auf ein Auto aus, werdet Ihr das erlangen, Ihr werdet dieses Auto bekommen.

Doch schenkt Euch das alles das gleiche Glück? Das ist die Frage. Nicht alles davon gibt Euch dasselbe Glück. Ein Auto wird Euch am Anfang viel Freude und Glück bringen und später eine Menge Kopfschmerzen.

Man wandert umher - man sucht sein ganzes Leben lang nach einem schönen Partner, stimmt's? Eine nette Mataji geht umher und auf dem Weg sieht sie einen schönen Mann. Plötzlich beginnt ihr Herz zu schlagen, bing, bing, bing und dann, „Ich will.... Das ist mein..." Das ist es! „Das ist mein Seelenpartner," wie auch immer sie es nennen, ich kann mich nicht mehr an den Namen erinnern. Und dort! Das ist mein Leben, das dort geht." Sie wird alles tun, um ihn zu bekommen. Nein? Ja oder Nein?

Zuhörer: Ja.

SV: Gut. Auf diese Weise wurde diese Person für einen kurzen Moment zum Sinn des Lebens.

Warum sage ich für einen kurzen Moment? Denn die gleiche Freude, die diese Person am Anfang erfährt, die gleiche Freude hat sie nicht immer. Die Freude macht wie ein Herzschlag – ding, ding,

ding – und manchmal fällt sie sehr weit hinab. Also, was ist dann der Sinn des Lebens?

Automatisch hat jeder Einzelne seine eigene Perspektive darüber, was Leben ist. Doch in Wirklichkeit ist die einzige Perspektive, der einzige Lebenssinn, den man am Ende des Lebens nennen kann - am Ende dieser Inkarnation, wenn Ihr diese Ebene verlasst – dass man sagen kann, Ja, Ihr habt etwas aus diesem Leben gemacht. Wenn Ihr auf Euer Leben zurückschaut, habt Ihr irgendetwas gemacht? Denn eines Tages werden die Engel kommen und Euch fragen: „Gott hat dich hierher geschickt: Was hast du getan? Gib mir Bericht darüber."

Wir halten das Leben für selbstverständlich. Die Menschen denken, dass das Leben nur zum Genießen da ist. Genießt es – Ihr werdet wieder zurückkommen!

Es kommt darauf an. Leben ist Freude. Leben ist Glück, doch Ihr müsst *wirklich* wissen, wie man sich daran erfreuen kann. Wenn also die Engel Euch diese Rechnung geben und sagen: „Berichte mir,"...

Seht, in allem was wir tun, in allem was auch immer die Menschen hier tun, gibt es einen Ausgleich zwischen Soll und Haben. Ihr glaubt, Ihr besitzt diesen Körper! Ihr denkt, dieser Körper gehört Euch! In Wirklichkeit ist er Euch gegeben worden. Ihr habt ihn gemietet und eines Tages müsst Ihr die Miete dafür bezahlen. Wie bezahlt Ihr diese Miete? Durch Erreichen, durch das Erreichen ... durch das Erreichen von was?

Zuhörer: Dem Göttlichen.

SV: Das ist es. Durch das Erreichen des Ziels.

Um das Ziel zu erreichen, müsst Ihr das Ziel kennen. Deshalb sagte ich zu Beginn dieser Frage: Es gibt verschiedene Bedeutungen von Leben. Wenn das Ziel in Richtung Göttlichkeit ist, ist es unmöglich, dass man Ihn nicht erreichen wird. Doch wenn das Ziel nach außen gerichtet ist, werden sie auch das Außen erreichen. Doch Ihr müsst eines wissen, das Außen und das Innen sind zwei verschiedene Wege. Einer führt nach unten, der andere hinauf. Also, das ist die Wahl. Natürlich, man kann das Ultimative in seinem Leben erreichen, wenn man aufrichtig nur Ihn will. So lange man nicht vollständig danach verlangt, Gottverwirklichung zu erreichen, wird man sie nicht erreichen.

Ihr übt. Warum übt Ihr? Warum? Damit Gott Euch gnädig ist und Euch wirklich Ihn erreichen lässt, nicht? Erfüllt den Vorsatz. Doch dazu müsst Ihr auch wirklich den Vorsatz erfüllen *wollen*. Ihr könnt nicht einfach sagen: „Ja, ja, ich will den Vorsatz erfüllen", und doch tut Ihr gar-nichts_ um diesem Vorsatz gerecht zu werden. Wisst Ihr, ich begegne sehr oft Menschen und ich sage: „Du willst es nicht." Gott zu erreichen ist sehr einfach. Es ist die leichteste Sache, die man tun kann, aber viele Leute tun es nicht. Oder Menschen tun es, doch ihr Verstand ist nicht wirklich bei der Sache. Wenn Euer Verstand nicht völlig auf das, was Ihr tut, fokussiert ist, wie könnt Ihr dann etwas perfekt machen?

So, das ist das Leben. Das ist der Zweck oder der Sinn des Lebens. Ich sehe, Ihr alle seid schockiert und niedergeschlagen.

● ● ●

Könntest Du über Leben und Tod sprechen?

SV: Das ist schön, die Menschen lieben das.

Warum vergessen wir immer die Nichtigkeit des Lebens und wenn man Glück hat, erinnert man sich, zumindest wenn der Tod nahe ist, an die wichtigen Dinge im Leben?

Edinburgh, Schottland, 6. Mai 2012

Gut, Ihr kennt das Wort „Maya", nicht? Was ist „Maya"?

Zuhörer: Illusion.

SV: Illusion! Was ist diese Illusion?

„Warum"? – Wie in dieser Frage gefragt wird, sie sagten, dass *„wir mehr über die Nichtigkeiten im Leben nachdenken und die, die Glück haben, erinnern sich zumindest vor dem Sterben"*. Nun eigentlich, ich sage Euch etwas. Vor dem Sterben erinnert sich jeder. Ob man es als glücklich bezeichnet, oder nicht, alle sehen die Gelegenheiten vorbeiziehen. Und man sagt: „Ok, es ist zu spät! Nun gut, ich habe dieses Leben vergeudet!"

Es ist so wie in dem Beispiel, das ich zuletzt in Deutschland nannte. Ich sagte, Leben ist wie – Ihr wisst, Ihr seid hier geboren – es ist wie wenn man in eine große Halle eintritt mit *tausenden* von Türen. Doch von all diesen tausenden Türen ist nur *eine* Tür offen. Und man hat nur eine sehr kurze Zeit zur Verfügung. Dieses Leben hier, auch wenn Ihr sagt: „Das Leben ist so lang! Wisst Ihr, Ihr habt 60 Jahre!" In Wirklichkeit ist es sehr, sehr, sehr kurz. Sogar 100 Jahre sind sehr kurz.

So, hier, Du bist hier hingestellt, dann hast Du Tausende von diesen Türen, von denen nur eine Tür geöffnet ist um Dich zu befreien, und es gibt kein Zeichen an der Tür! Es heißt nicht: Diese hier ist offen, gehe bitte hinein. Nein! Wie will man wissen, welche Tür offen ist? Was muss man tun? Man muss gegen jede Tür drücken, nicht? Merkt Euch eines, Ihr habt nur sehr wenig Zeit! Wie schnell muss man es tun? Sehr schnell. Drücke eine nach der anderen, von einer Tür zur anderen laufend, drückend und drückend.

Doch gleichzeitig muss man sehr wachsam sein. Man muss bewusst sein. Denn wenn man der Routine folgt, gegen eine Tür zu drücken und zur nächsten zu gehen, was wird dann geschehen - die Tür ist offen, doch man geht zur nächsten. Und natürlich, diese Gelegenheit kommt in jedem Leben. Wisst Ihr, deshalb macht man mit dem Drücken weiter, man hat die gleiche Tendenz zu drücken – wumm! Versteht Ihr, wenn man es zur Routine werden lässt, sieht man nicht, was geschieht. Man macht also genau so weiter. Deshalb muss man sehr bewusst sein.

Und wenn man sich über die Wichtigkeit des Lebens voll bewusst ist, wird sich sogar die Tür, vor der man steht, aufschließen und machen, dass dies Deine Tür ist. Daher, es gilt nicht nur zu warten bis man gestorben ist und zu warten, bis eine andere Reihe von Türen vor Dir erscheint. Nein, man muss es vor Augen haben und sich in jedem Augenblick bewusst sein, warum man hier ist.

Seid Euch bewusst darüber, wieviel von dem was Ihr im Außen seht Wirklichkeit ist, und wieviel die Wirklichkeit davon ist, wer Ihr im Innern seid? Wie viele Menschen denken täglich von sich selbst, dass sie die Seele sind, ihr wahres Selbst? Mithin haben mir die Leute die Frage bereits zuvor gestellt: „Wir denken auch über unser wahres Selbst nach, wie wir wissen können, wer unser wahres Selbst ist?" Nur, wie viele sagen zu sich selbst: „Ich bin nicht dieser Körper, aber ich bin das Atma."? Sagt mir, wie viele von Euch bringen sich dies jeden Tag in Erinnerung?

[Leute heben ihre Hände.]

Gut. Tatsächlich, *jeder* tut es! Jeder bringt es sich in Erinnerung, jeden Tag, durch Euer Atmen. Wenn Ihr genau hinhört - wir sagen „Soham". Die Atmung ist eine Gedächtnisstütze, dass Ihr das Atma seid. Ihr seid die Seele. Wenn Ihr sorgfältig auf Euer Ein- und Ausatmen lauscht, sagt Ihr "So", wenn Ihr einatmet und beim Ausatmen ist es automatisch "Ham", was bedeutet, „Ich bin Du". „Ich bin Teil des Göttlichen." Aber das geschieht unbewusst. Doch von diesem Punkt der Unbewusstheit aus müsst Ihr es bewusst machen – deshalb stellte ich Euch vorhin eine Frage, wie viele von Euch sich an ihre atmische Form erinnern."

Ihr alle seid spirituelle Menschen. Ihr seid alle auf der Suche. Doch wonach sucht Ihr? Sucht Ihr nach Gott? Nun, Er ist da! Wenn Ihr nach Ihm horcht, werdet Ihr Ihn hören. Euer Atma offenbart sich durch Euer Atmen! Aber Ihr seid Euch dessen nicht bewusst. Denn es ist so normal, wisst Ihr?

Wir müssen atmen. Ohne zu atmen wäret Ihr nicht hier. Das ist das tägliche Brot des Lebens. Man kann ohne Nahrung sein. Man kann viele Tage ohne Wasser leben. Ich weiß, dass es Menschen gibt, die noch nicht einmal essen und trinken. Doch stellt Euch vor, wir nehmen ihnen die Luft, den Atem des Lebens weg – wären sie fähig zu leben? Der Körper würde enden.

So, Ihr müsst Euch daran erinnern. Wenn die Natur es so

eingerichtet hat, dass Ihr Euch automatisch erinnern müsst, müsst Ihr Euch auch *bewusst* daran erinnern. Damit Ihr auf Euer höheres Selbst zugreifen könnt. Ihr müsst diesen Verstand trainieren, weil Ihr einen Verstand habt. Ihr müsst den Verstand daran erinnern, weshalb Ihr hier seid. Ihr müsst den Verstand erinnern, dass *Ihr* der Meister seid, nicht der Verstand ist der Meister.

* * *

Sind wir hier, um uns zu erinnern?

Edinburgh, Schottland, 6. Mai 2012

Nun ja, vielleicht, um sich daran zu erinnern, wer man wirklich ist. Um sich zu erinnern, dass man das Atma ist, nicht der Körper. Um sich zu erinnern, *weshalb* man hierher gekommen ist. Um sich zu erinnern, was der Zweck des Hierseins ist. Daher, es ist ein Erinnern. Es ist ein Wiedererinnern.

* * *

Guruji, bitte sprich zu uns über das Lernen. Wie können wir gut aus unseren Erfahrungen lernen, für das Ziel des Lebens, die Lotusfüße des Herrn zu erreichen?

Edinburgh, Schottland, 6. Mai 2012

Seht, Leben ist ein Lernprozess. Es ist ein nie endender Lernprozess. Sehr oft denken und sagen die Menschen: „Wir sind die einzigen, die die Wahrheit kennen", doch in Wirklichkeit, wie kann nur *eine* einzige Person die Wahrheit kennen? Jeder trägt seine eigene

Wahrheit mit sich. Das bedeutet, dass Ihr jeden Tag im Leben fortfahrt, neue Dinge zu lernen. Es gibt keinen Augenblick im Leben, wo man nicht lernt. Denn das ist sein Verlauf.

Es ist wie das Gehirn. Jeden Tag nimmt das Gehirn eine gewisse Anzahl Eindrücke auf. Neue Eindrücke, das heißt, neue Daten werden ins Gehirn eingegeben. Kann mir jemand sagen, wie viele neue Bilder das Hirn täglich aufnimmt?

Zuhörer: Einhunderttausend.

SV: Sehr gut!

Zuhörer: Es war eine Vermutung!

SV: Es war eine gute Schätzung! Jeden Tag nimmt das Gehirn einhunderttausend neue Bilder auf. Also stellt Euch vor, wenn Euer Gehirn ständig selbst herauflädt – nein, herunterladen... oder heraufladen? Lasst uns heraufladen sagen, viel schöner.

Zuhörer: *[lachen]*

SV: Gott kannte das Herunterladen. Ihr ladet herauf!

Zuhörer: *[lachen]*

Zuhörer: *[lachen]* Und das Aufrüsten.

SV: Auch das Aufrüsten! Durch das Aufladen rüstet man auf. Wenn man herunterlädt, degradiert Ihr.

Zuhörer: *[lachen]*

SV: Also, durch das Heraufladen all dieser Bilder geschieht bei Euch auch ein Lernprozess. Seht, lernen bedeutet nicht nur, ein Buch zu nehmen und es zu lesen oder eine Erfahrung zu sehen und sie zu akzeptieren, sondern sich bewusst der Veränderungen in sich gewahr zu sein, denn sehr oft präsentieren sich Veränderungen nicht so wie man es will.

Wisst Ihr, sehr oft wollen Menschen auf dem spirituellen Weg ganz inständig Gott erreichen, doch sie sagen sich: „Wenn ich mich dem Göttlichen nähere, muss ich diese *große* Liebe fühlen. Dieses große *Bumm*, diese große innere Explosion", nicht? Deshalb nennen sie es 'Ananda`, doch Glückseligkeit kann verschieden sein von dem, was Ihr erwartet. Es kann eine Explosion großer Liebe sein, doch dann, in der großen Liebe kann es sein, dass man vollkommen niedergeschlagen ist! Aber der Unterschied ist der, dass es akzeptiert wird, wie es auch ist.

Wie die Person sagte 'das Ziel des Lebens ist, die Lotusfüße des Herrn zu erreichen', denn um die Lotusfüße des Herrn zu erreichen, wird Er Euch alle Arten von Erfahrungen geben. Er wird machen, dass Ihr Ihn auf vollkommen unterschiedliche Weisen erfahrt, wisst Ihr. Nicht auf die Weise, wie Ihr es erwartet.

Ich nehme immer das Beispiel von Mirabai. Könnt Ihr die Geschichte von Mirabai erzählen? Schnell, eine kurze, vereinfachte Version.

Zuhörer: Mirabai war eine große Prinzessin, die verheiratet wurde. Ihr Ehemann quälte sie ständig, weil sie Krishna als ihren Gemahl liebte, anstatt ihren Ehemann. Das führte dazu, dass er versuchte, sie zu vergiften und sie zu töten, und ihr das Leben sehr, sehr schwer machte. Als Ergebnis ihrer Hingabe zu Krishna machte sie bitteres Leid durch, und schließlich verschmolz sie mit Krishna und fand Ihn.

SV: Gut. Deine Erzählung ist keine schlechte Version ihres Lebens.

Doch in ihrem Leben war sie so absorbiert in die Liebe zu Krishna, dass sie *immer* um Ihn weinte. Hier seht Ihr, es war nicht immer freudvoll, freudvoll. Doch sie *sehnte* sich immer nach Gott. Es spielte keine Rolle, was äußerlich war, auch wenn sie im Außen war, aber im Innern sehnte sie sich, rief sie.

Also, wann immer Ihr das sagt, von jeder Lebenserfahrung zu lernen um die Lotusfüße des Herrn zu erreichen – um den Herrn zu erreichen, müsst Ihr auch lernen, alles zu akzeptieren, was Er Euch gibt. Das ist sehr oft das Schwierigste, wisst Ihr? Man sagt: „Wir lieben Dich, *aber* Du musst so sein wie ich es will. Ich möchte Dich gewinnen, ich will Dich akzeptieren, doch hier, ich gebe Dir eine Liste. So muss es sein. So lange es so ist, ist es gut, doch wenn es nicht so ist, ist es falsch. Dann akzeptiere ich Dich nicht, Du bist der Falsche.“

Auf diese Weise funktionieren die Menschen. So funktioniert der Verstand, nicht?

●　●　●

Als Du uns die Antwort zur ersten Frage erklärtest ["Was ist der Sinn des Lebens?"], war ein Teil der Ausführungen, dass wir ein Ziel haben sollten, unser Ziel. Wie können wir unsere Ziele erkennen?

Shree Peetha Nilaya, Springen, Deutschland, 6. Januar 2012

Nun, seht Ihr, was wollt Ihr vom Leben? Schaut, was Ihr vom Leben wollt, das wird zum Ziel. Natürlich gibt es das höchste Ziel Eurer Seele, denn die Zielsetzung im Außen wird nie zufriedengestellt sein, bis das Ziel der Seele offenbart ist.

Als wir beispielsweise mit der ersten Frage zum Sinn des Lebens begannen, sagte ich, Leben bedeutet für manche Leute ein Auto. Doch sind sie zufrieden, wenn sie das Auto bekommen? Nein, sie sind nicht zufriedengestellt. Das ist beweglich.

Zuhörer: Man hat viele Wege.

SV: Ja, es gibt viele Wege. Viele Flüsse fließen in denselben Ozean. So gibt es auch viele Wege, das Lebensziel zu erreichen. Einige nehmen einen längeren Weg und andere einen kürzeren Weg. Es ist eine Wahl.

Wenn man zum Beispiel nach Moskau gehen will, kann man direkt von Frankfurt nach Moskau fliegen oder man kann ein Flugzeug nehmen, nach Prag fliegen, von Prag nach Indien, Indien – China, von China nach Wladiwostok, und in Wladiwostok nimmt man den Fernzug und kommt nach Moskau. Man wird Moskau erreichen.

Zuhörer: Aber manchmal wissen die Menschen nicht, was das Ziel ist.

SV: Aber das ist die Stelle, wo wenn man anfängt danach zu suchen, es finden wird, auch wenn man es nicht kennt. Doch man muss den ersten Schritt machen.

Zuhörer: So kann niemand zu uns über die Ziele sprechen? Wir müssen das selbst herausfinden, ja? Niemand kann mir das Ziel sagen.

SV: Ich kann Dir das Ziel sagen, weißt Du. Ich kann Dir sagen: „Ja, das Ziel ist Er." Was bringt das? Würdest Du zu Ihm rennen? Siehst Du? So ist es. Es ist Deine Wahl. Ich kann Dich nicht zwingen. Ich kann Dir den Weg zeigen. Es gibt keine Gurus in dieser Welt, die jemanden zwingen. Sie zeigen nur den Weg.

Alle Lehrer, sie sind da, um den Weg zu zeigen, sie sind nicht hier, um jemanden zu zwingen, sondern es ist an Euch, zu gehen. Dasselbe – wir können Euch Nahrung geben, wir können sie zerkleinern, wir können sie pürieren, in Euren Mund geben, aber schlucken..., es wäre schwierig für mich, sie für Euch zu schlucken. Ich kann Euch schlagen, Euch zum Schlucken bringen, aber Ihr müsst schlucken wollen. So ist es also.

Zuhörer: Danke für den Weg.

• • •

Warum schuf Gott die Welt, die Menschen und all das Leben – was ist der Grund? Was ist die Bedeutung? Ich kann es nicht verstehen.

Shree Peetha Nilaya, Springen, Deutschland, 6. Januar 2012

Nun, wenn Ihr das verstanden hättet, wäret Ihr nicht hier und würdet Gott dafür preisen, dass Ihr es nicht versteht - deshalb habt Ihr ein Leben und seid hier!

So, nochmals, was ist der Sinn des Lebens? Was ist der Grund? Seht, das Ultimative, Gott oder die kosmische Kraft, welche hinter allem liegt, dieser Aspekt jener Energie ist Energie. Natürlich ist das so.

Wir sagten, Gott ist mit Form und ohne Form, seht Ihr. Seine höchste Form ist formlos. Die manifestierte Form ist Narayana, aber dennoch ist sie ohne Erfahrung. Dadurch manifestiert sich die Shakti durchweg in jedem. Durch die Erfahrung der Schöpfung. Um Sich Selbst zu erfahren.

Eine der Fragen war, ob Er der große Beobachter ist. Ja, Er ist der große Beobachter Seiner eigenen Schöpfung in jedem Ding, nicht nur in den Menschen, auch in den Tieren, in den Bäumen, im Wasser, im Himmel, überall. Gleichzeitig ist Er die Fülle von allem. Nur indem Er Sich Selbst begrenzt, kann Er Seine Schöpfung verstehen, deshalb hat Er den Menschen einen Verstand gegeben, um gewisse Dinge zu verstehen, um Vernunft zu gebrauchen.

So, das ist in Kürze, weshalb Gott all das erschuf. Aber dieses großartige Mysterium zu verstehen..., sogar die Schriften können es nicht verstehen. Wie wollt Ihr es verstehen?

●　●　●

JUST LOVE

BEWUSSTSEIN

Das letzte Stadium des
vollständigen Aufgehens
im Göttlichen
ist nicht in der Hand
des Menschen.

INDIVIDUALITÄT & PERSÖNLICHKEIT

Auf dem spirituellen Weg werden wir ein Stadium erreichen, wo unsere Identität sich auflöst. Was geschieht zu dieser Zeit? Wie will der Mensch versuchen, sie abzutrennen? Wie ist die Beziehung zwischen Identität und Persönlichkeit?

Shree Peetha Nilaya, Springen, Deutschland, 6. Januar 2012

Identität – was versteht Ihr unter Identität? Ich spreche nicht von Eurem Personalausweis. Und was ist die Persönlichkeit? Was ist die Identität? Sie ist der Stolz. Persönlichkeit – was ist eine Persönlichkeit?

Erzählt mir ein bisschen über die Persönlichkeit. Wie wisst Ihr, ob etwas Bestimmtes die Persönlichkeit ist? He, kommt schon, diese Frage ist leicht. Persönlichkeit ist etwas, das ans Außen gebunden ist. Was ständig bemüht ist gewisse Wünsche zu erfüllen.

Was ist die Identität? Persönlichkeit ist etwas, das sich sehr stark mit den greifbaren Dingen befasst, dem was materiell ist. Identität hat mit dem Stolz zu tun, der sich wiederum sehr stark mit den Emotionen befasst. Individualität bezieht sich auf das Ego der Seele.

Zuhörer: Individualität des Egos, der Seele?

SV: Mmm... das ist es, was die Seele teilbar macht.

Zuhörer: Könnte man also sagen, dass Identität der Charakter ist?

SV: Nun, sie ist Emotion, nicht? So wird sie dazu. Derart ist also die Beziehung.

Seht, das Ego von – nennen wir es das Ego des Göttlichen, das Göttliche Ego – das, was Ihn in eine Form manifestiert sein lässt, eine gewisse Gestalt annehmen lässt. Nehmen wir zum Beispiel an, das Ego, welches Gott erschafft, wird ein Avatar. Und das Ego dieser großen Seele wird zum höheren Bewusstsein. Das Ego des höheren Bewusstseins wird zum Bewusstsein. Das Ego des Bewusstseins wird zum Menschen. Das Ego des Menschen wird zum Verstand, das Ego des Verstandes ist die äußere Persönlichkeit. Wenn dies nun rückgängig gemacht wird, gewinnt man seine wahre Natur zurück. Schwierig, hm? Das Ego, von dem wir sprechen – versteht es nicht als Stolz. Es hat nichts mit Stolz zu tun. Denn auf diese Weise habt Ihr Euch in diese Welt inkarniert. Ihr würdet sonst gar nicht hier sein.

Die Auflösung der Identität, was der Endzustand ist, den wir Mukti, oder Befreiung nennen - eigentlich geschieht das nicht auf der Ebene des Verstandes, denn was immer auf der Verstandesebene geschieht, bleibt auch auf der Verstandesebene. Somit liegt es also nicht in der Hand des Menschen. Deshalb sagen wir: „Gib Dich Gott hin." Wieso, glaubt Ihr, sagen wir "gebt Euch hin"? Weil dieser Zustand des vollständigen Eins-Werdens mit dem Göttlichen in niemandes Hand liegt. Nur in Ihm. Große Seelen wählen, dies beizubehalten, aber sie können es willentlich beenden. Große Seelen wählen, es zu behalten, damit sie kommen und *anderen helfen* können. Sie sind aber nicht daran gebunden. Deshalb, wenn die Ego-Identität, oder die Seelen-Identität - wenn das beendet ist, wenn dies vollständig verschwunden ist, geht man im Göttlichen auf.

Dann werdet Ihr die Frage stellen: „Was wird mit *mir* geschehen?" Nun, es gibt kein Du! Es gibt nur Ihn! Wir sagten, dass wir alle ein Tropfen des Göttlichen im Ozean sind, nicht wahr? Wenn aber der Tropfen in den Ozean gegeben wird, kann dann jemand denselben Tropfen wieder herausnehmen? Nein, das geht nicht.

Ihr habt ähnliche Eigenschaften in Euch wie der Ozean. Ihr habt ähnliche Eigenschaften von Göttlichkeit in Euch, aber das Göttliche ist das Göttliche. So wie der Wassertropfen sich nicht als der ganze Ozean bezeichnen kann, er ist ein Tropfen des Ozeans. Der Ozean ist *riesig*. Genauso wie Gott. Der Verstand kann Gott nicht erfassen, deshalb manifestiert Er Sich in vielen Formen, damit der Verstand bei der Form verweilen und Ihn erreichen kann. Ebenso verhält es sich mit dem Ozean und dem Wassertropfen.

Nehmt zum Beispiel ein Glas Wasser aus dem Ozean, oder aus dem Fluss, und gießt es wieder hinein und ich sage Euch dann, Ihr sollt dasselbe Wasser wieder herausnehmen. Könnt Ihr das tun? Nein, Ihr könnt es nicht. Es ist dasselbe, aber große Seelen, sagen wir Avatare, sie können das.

Zum Beispiel, seht, wir sagen doch "Paramahamsa", nicht? Was ist ein Paramahamsa? Was ist ein Hamsa? Ein Schwan. Warum nennen wir einen großen Avatar einen Paramahamsa? He? Er kann was?

[*Zuhörer werfen etwas ein*]

SV: Das ist es. Wenn man Milch nimmt und sie in Wasser gießt, kann der Paramahamsa nur die Milch trinken. Seltsam, he?

Aber das ist eine große Seele. Sie können anderen helfen, aufzusteigen. Und sie können auch aufsteigen, wann auch immer, sie können auch ihre Identität vollständig hinter sich lassen, willentlich. Das ist also die Auflösung der Ego-Identität.

●   ●   ●

Wenn alles Eins ist, warum verwirkliche ich mich in einem Körper?

Möhlin, Schweiz, 21. Juni 2011

Nun, der Körper ist ein Instrument, welches Gott Euch gegeben hat, um Das zu verwirklichen. Und er ist Euch näher. Deshalb müsst Ihr zuerst die Göttlichkeit *innerhalb* dieses Körpers verwirklichen, dann erst könnt Ihr die Göttlichkeit anderswo verwirklichen.

Wenn Ihr die Göttlichkeit in Euch nicht verwirklicht habt, werdet Ihr niemals Göttlichkeit im Außen verwirklichen. Dann werdet Ihr es vortäuschen, Euch selbst gegenüber. So wie viele Leute immer sagen... - wisst Ihr, um anderen zu gefallen - auch wenn *sie* nicht glücklich sind, geben sie vor, glücklich zu sein, äußerlich. Es hält aber nicht lange an. Da gibt es immer diesen Aufruhr im Innern, wisst Ihr, weil man sich selbst gegenüber untreu ist. Wenn man aber glücklich mit sich selbst ist, verändert sich automatisch alles um einen herum. Dann macht man von Herzen alle glücklich.

Ich erinnere mich, als ich einmal nach Amerika reiste. Da gab es diese Flugbegleiterin. Sie war sehr missmutig - im Hintergrund, wisst Ihr. Doch in dem Moment, als sie nach vorne kam, sagte sie: „Mein Herr, wie kann ich ihnen dienen?", mit einem *breiten* Lächeln. Nach einer gewissen Zeit sagte ich zu ihr: „Darf ich ihnen etwas sagen? Wenn sie nicht wirklich lächeln wollen, dann zwingen sie sich nicht zu lächeln." Und es ist wahr: man sah es, man fühlte, dass es gespielt war.

Wisst Ihr, wenn jemand Euch wirklich anlächelt, wenn Ihr dieser Person in die Augen schaut, fühlt Ihr es - die Person ist aufrichtig. Es gibt ein Lächeln aus dem Herzen selbst. Das bedeutet, dass die Person ehrlich ist mit ihrem eigenen Selbst. Wenn aber jemand mit sich selbst nicht ehrlich ist, kann sie nicht [so lächeln]. Sogar die Projektion nach außen wird dann nicht echt sein.

●　●　●

Wieso leiden Frauen mehr als Männer?

SV: Das ist nicht wahr.

Und wieso sind sie Bürger zweiter Klasse, im Vergleich zu Männern – sogar in allen Schriften sind sie hinter den Männern.

Split, Kroatien, 19. September 2011

Seht, in Heiligen Schriften werden Frauen nicht in die zweite Klasse herabgesetzt, wie die Person sagt, was nicht wahr ist. Tatsächlich stellen die Schriften Frauen sogar höher als Männer.

Wenn wir zum Beispiel Shivas Namen aussprechen, sagen wir immer "Gauri Shankar". Sie kommt immer zuerst, dann Er. Wenn man "Radhe Shyam" sagt, kommt Radha zuerst, dann kommt Shyam. "Sita Ram". Im Christentum zum Beispiel, lieben natürlich alle Jesus, aber Mutter Maria wird immer höher gestellt. Die Leute beten mehr zu Mutter Maria als zu Jesus selbst. Es gibt mehr Kapellen, die Mutter Maria geweiht sind, als Jesus. Es stimmt also nicht, dass die Frauen zweitklassig sind, denn wäre der Mann ohne Frauen hier? Eben! Er wäre nicht hier! Wie können sie also zweitklassig sein?

Der erste Guru von jemandem ist immer die Mutter. Das erste Wort, welches das Kind sagt, ist immer "Ma". Wenn man klein ist, wird man immer nach der Mutter rufen, wenn man hinfällt. Wo ist der Vater? Irgendwo. Wen kümmert es? Aber die Mutter ist immer da, als erste.

Wieso leiden Frauen also? Seht, Männer leiden auch. Der Punkt ist, dass Männer nicht sagen, dass sie leiden, aber Frauen immer.

[*Zuhörer lachen*]

SV: Aber ich kenne auch Frauen, die nicht sagen, wenn sie leiden. Wir können nicht sagen, dass Frauen mehr leiden als Männer. Es gibt einen kleinen Unterschied: Frauen sind sehr stark mit ihren Gefühlen verbunden. Sie bringen sie gerne zum Ausdruck. Männer hingegen drücken Emotionen nicht gerne aus, weil sie verschlossen sind und fest in sich halten, wisst Ihr. „Ich bin ein *Mann*. Wieso sollte ich Gefühle zeigen?" Sie machen sich immer Sorgen, was die Leute von ihnen denken, wenn sie Gefühlsregungen ausdrücken. Matajis hingegen kümmern sich nicht um andere Leute. „Wenn ich Schmerzen habe, dann habe ich Schmerzen, dann will ich, dass alle wissen, dass ich Schmerzen habe!"

Aber da gibt es ebenso viele Faktoren, "warum" - ich möchte nicht in weitere Einzelheiten gehen.

Wie ich Euch gerade sagte, sogar die Schriften loben Frauen immer, denn seht, wenn Frauen über ihre Emotionen hinausgehen, können sie Gott viel schneller als jeder Mann erreichen. Und das ist ihre Größe. Das ist die Größe von Frauen. Und auch die Liebe - wenn Frauen Liebe schenken, dann schenken sie vollständig. Ein Mann ..., nach und nach wächst die Liebe.

Die Matajis sind glücklich, ich lobe sie, aber so ist es eben. Und deshalb, wenn sie Liebe ganz geben, auf einmal – natürlich verschließt sich dann der Mann und sagt: „Wieso bekomme ich so viel Liebe?" Sie blocken sie. Was geschieht? Die Emotionen verwandeln sich in? - Schmerz. Deshalb muss man langsam vorgehen, denn mit der Liebe kommt auch die Erwartung. Und Menschen können nicht alle Erwartungen erfüllen. Das bedeutet, dass es Schmerz geben wird.

• • •

Gibt es einen Unterschied zwischen Stolz und Würde?

Shree Peetha Nilaya, Springen, Deutschland, 10. Februar 2012

Ich lasse Euch diese Frage beantworten. Es gibt einen großen Unterschied zwischen diesen beiden. Wer kann mir den Unterschied nennen?

Mataji, sag' mir. Irgendjemand ... Ihr wisst es alle. Was ist der Unterschied zwischen Stolz und Würde? Das ist es. Demut, das ist der Unterschied zwischen diesen beiden.

• • •

Was denkst Du über Zwillingsflammen [Seelen]?

Split, Kroatien, 19. September 2011

Nun, jede Seele ist individuell. Jede Seele hat unterschiedliches Karma. Jede Seele ist separat, und sie wird entsprechend ihrer eigenen Stufe wachsen, aber innerhalb der Seelenreise begegnet man vielen Seelen. Mit gewissen Seelen gibt es da... baut man..., ...nun, die Quelle ist Eins, nicht? Denkt nicht, dass es zehntausend oder 6,6 Millionen Seelen gibt, nein. Es gibt nur eine Große Seele. Die Seele ist weder Mann noch Frau.

Ob es Zwillingsseelen gibt ... nun, man begegnet in den Leben bestimmten Leuten, mit denen man gewisse Beziehungen aufbaut – gewisse karmische Dinge entstehen – und dann muss natürlich ein bestimmtes Karma mit dieser Person verbrannt werden, das Leben führt Euch wieder zusammen. Nicht um das Karma wachsen zu lassen, sondern um das Karma zu beenden! Auch wenn es so scheint, dass Ihr, ja, zusammen wachst, aber tatsächlich bringt Euch das Karma zusammen, um es zu beenden, so dass Ihr Fortschritte machen könnt.

Dies ist das Ziel der Seele: Fortschritte zu machen, nicht sich zurück zu entwickeln. Aber hier hören die Leute gerne – für ihre Ohren – sie hören gerne: „Ok, du bist meine Zwillingsseele." Ich habe das viele Male gehört. Seht, sehr oft, wenn alles gut geht, „bist du noch meine Zwillingsseele". Wenn jedoch etwas schief läuft, wo bleibt die Zwillingsseele?

Ich erinnere mich, dass ich vor ein paar Jahren jemanden getroffen habe. Derjenige sagte: „Swamiji, dieses Mal habe ich meine Zwillingsseele getroffen, wirklich, meine Zwillingsflamme, und ich spüre es, ich bin sicher", und ich fragte: „Bist du sicher?" „Ja, dieses Mal ist es die Richtige!" Ich sagte: „Ok, schön." Ein paar Monate später begegnete ich demjenigen wieder und ich fragte ihn: „Wie geht es deiner Freundin?" Und er sagte: „Probleme.... sprich nicht davon!"

Zuhörer: [*Lachen*]

SV: „Der erste Monat war sehr schön. Dann kam sie

und sagte mir: „Ich bin schwanger!", da begann das Problem." Anschließend verlor sie das Kind, und dann, natürlich, sagte sie : ´Ok, jetzt bin ich nicht mehr glücklich mit mir selbst`, sie trennten sich - die 'Zwillingsseele', wo ist sie jetzt? Und ich sagte: „Du hast mir gesagt, du seist sehr sicher, du hast jetzt deine Zwillingsseele. Aber wie können Zwillingsseelen getrennt sein?"

Nein, das sind einfach Worte, nur um Euch zufrieden zu stellen, um Euch glücklich zu machen, wisst Ihr? Um Eure Sicherheit aufzubauen. Denn wenn Ihr wirklich in einander verliebt seid, gibt es kein "ob Ihr nun Zwillingsseelen seid oder nicht", wisst Ihr? Ihr besprecht all das nicht. Ihr liebt die Person einfach so, wie sie ist, ob sie nun Eure Zwillingsseele ist, oder nicht. Wen kümmert es?

Ihr werdet Menschen begegnen, Ihr werdet von einer Zwillingsseele zur nächsten Zwillingsseele gehen, viele Zwillingsseelen. Bis ihr wirklich Eure Seele findet!

Zuhörer: [*Lachen*]

AKZEPTANZ

Wie kann ich zwei Dinge zusammen bringen?
Zuerst, mich anzunehmen, wie ich bin.
Zweitens, die einschränkende Eigenschaft in mir zu erkennen und den Wunsch zu haben, sie gegen Positivität einzutauschen.
Wenn ich mich selbst völlig akzeptiere und keine Veränderungen will, gibt es keinen Fortschritt.

Edinburgh, Schottland, 6. Mai 2012

Nun, seht, im Moment, wo Ihr Euch akzeptiert, werdet Ihr auch akzeptieren, dass Ihr den negativen Teil Euer selbst transformieren müsst. Wisst Ihr, Ihr müsst nicht sagen: „Um Euch anzunehmen, müsst Ihr auch Eure negativen Seiten annehmen", denn Ihr werdet Euch nie frei fühlen mit Euren negativen Eigenschaften. Wann immer Ihr eine bestimmte negative Qualität in Euch habt, wie fühlt Ihr Euch dann? Ihr sagt dann automatisch, dass Ihr Euch ändern müsst. Die Annahme seiner selbst, so wie man ist, ist auch die Veränderung des inneren Selbst. Diese zwei gehen Hand in Hand.

Auch wenn Ihr die negative Seite in Euch erkennt und sie ändern wollt, ist dies ein Teil des Akzeptierens. Denn wenn jemand sich akzeptiert und etwas Unrechtes tut, hat er ein Schuldgefühl, nicht wahr? Und wenn Ihr so ein Schuldgefühl habt, fühlt Ihr Euch dann gut damit? Nein, Ihr fühlt Euch nicht gut, weil das Schuldgefühl Euch immer Vorwürfe machen wird. Tatsächlich wird Euch Euer wahres Selbst immer erinnern und Euch tadeln und sagen: „Nein, du musst dich ändern!" Und diese zwei Dinge gehen Hand in Hand, weil die Selbstakzeptanz auch macht, dass Ihr auch Euer *wahres* Selbst akzeptiert.

Die erste Akzeptanz ist also, Euch anzunehmen wie Gott Euch äußerlich erschaffen hat. Alles anzunehmen, was Er Euch auf der Außenseite gegeben hat, so dass Ihr lernen könnt, zu akzeptieren, was Er Euch tiefer *im Innern* gegeben hat. Dies ist die volle Akzeptanz der Fülle.

●　●　●

Was muss man in sich ändern, um toleranter zu werden gegenüber den Schwächen derjenigen, die einem am nächsten sind?

Edinburgh, Schottland, 6. Mai 2012

Sie annehmen, so wie sie sind. Das müsst Ihr tun.

●　●　●

SICH UM ANDERE KÜMMERN

Lieber Swamiji,
wenn jemand Heilarbeit leistet, sei es körperlich, wie Massage, oder spirituelles energetisches Heilen, was ist die beste Methode oder Art für Heiler, die Auswirkung der negativen Energie des Patienten zu reduzieren, damit sie selbst nicht auch noch schwach oder krank werden, oder von den Patienten beeinträchtigt werden?

Edinburgh, Schottland, 6. Mai 2012

Sehr oft, wenn Heiler direkt mit Menschen arbeiten, greifen sie unbewusst etwas von Patienten auf, weil... seht Ihr, wenn Ihr arbeitet geht Ihr in einen Zustand, wo ein Austausch von Energie geschieht, und während dieses Austauschs von Energie nehmen diejenigen, die feinfühliger sind, Dinge auf. *Selten* ist es der Patient, denn wenn der Patient wirklich sensitiv wäre, würde er nicht zu einem Heiler gehen. Aber sehr oft greifen Heiler, die mit Menschen arbeiten, die Negativität ihrer Patienten auf.

Wie schützt man sich? Salz ist ein sehr guter Schutz dagegen. Ihr könnt es in Form eines Salzsteins in Eurer Tasche haben, aber es ist nicht so effektiv. Meersalz ist am besten. Also nehmt ein kleines Päckchen Meersalz, aber das müsst Ihr jede Woche wechseln. Denn das hilft, Euch vor der Negativität eines Klienten zu schützen. Und es hilft auch, sagen wir, wenn Ihr eine Massage gebt, Salz unter den Massagetisch zu stellen.

Zuhörer: Könntest Du uns ein Mantra nennen, das wir singen könnten, wie „Om Namo Narayanaya"?

Nun, Ihr könnt *immer* ein Mantra singen, wisst Ihr, und ich bin mir sicher, dass Menschen, die heilend tätig sind, auch beten.

●　●　●

Wie kann ich meinen Eltern helfen, wenn sie nicht an Gottes Gnade und Barmherzigkeit glauben?

Edinburgh, Schottland, 6.Mai 12

Nun, betet für sie. Ihr könnt niemanden zwingen an Gott zu glauben oder nicht zu glauben.

Wie ich bereits sagte, leben wir in einer Zeit, wo Ihr frei seid, wisst Ihr? Ihr könnt nicht jemandem eine Pistole an den Kopf setzen und sagen: „Du glaubst an Gott! Sonst erschieße ich dich!" Ihr könnt niemanden zwingen zu glauben. Weil Glaube *innerhalb* des Herzens der Person erwachen muss. Ebenso, wenn Ihr durch Gottes Gnade mit einem bestimmten Karma geboren wurdet, welches sich Euch durch Gottes Zutun enthüllt hat, könnt Ihr nicht erwarten, dass andere Menschen es genauso machen.

Um etwas von mir zu erzählen, jedes Mal sage ich zu meiner Mam: „Mam, warum betest du nicht?" „Oh, du machst das für mich, das genügt." Seht Ihr, das ist meine eigene Mutter.

[*Zuhörer lachen*]

Nur um Euch zu sagen, dass Ihr niemanden zwingen könnt, weil alle entsprechend ihrem früheren Leben geboren sind, entsprechend dem, was sie gemacht haben. Und für Euch, um spirituell zu werden, bedeutet es, dass Ihr mit einem extrem guten Karma geboren seid. Deshalb hat das Göttliche Euch auf den Weg gerufen. Er hat Euch gerufen, nach Ihm zu suchen, so dass Er sich durch Euch offenbaren kann. Und dazu könnt Ihr niemanden zwingen.

Natürlich sage ich nicht, dass meine Mutter nicht glaubt. Sie betet auf ihre eigene Weise. Ich erinnere mich, meine Großmama sagte immer zu meinem Großpapa, (schimpfender Tonfall):

„Oh, du kommst nicht zum Tempel, um zu beten!", all sowas. Dieser alte Mann pflegte zu sagen: „Nun ich gehe nicht gerne zum Tempel, dieses ganze Zeug, weißt du!" *Aber* jedes Mal, wenn er an einer Kirche, einem Tempel oder einer Moschee vorbeikam, nahm er seinen Hut ab, blieb ein paar Minuten ruhig stehen, ohne, dass jemand davon Notiz nahm, und setzte dann seinen Weg fort.

Manchmal empfinden solche Menschen die Liebe Gottes mehr, als jemand der Ihn sucht. Wisst Ihr, manchmal werdet Ihr Menschen sehen, die *nicht* spirituell sind, und Ihre Handlung ist *spiritueller*. Sie sind liebevoller, sie sind toleranter, sie haben die Qualität der Liebe mehr in ihrem Innern als jemand, der auf dem spirituellen Weg ist. Hier kommt spiritueller Stolz ins Spiel.

Denn sehr häufig denken Menschen auf dem spirituellen Weg, dass sie sogar *mehr* wissen, als der Herr Selbst! Wisst Ihr, sie müssen Gott sagen, wie Er Sich zu verhalten hat. Und sie müssen Gott sagen, wie Er zu handeln hat. Aber Stolz und Ego gehen gemeinsam einher, nicht? Deshalb müsst Ihr Euch dessen immer bewusst sein.

Wohingegen Menschen, die in der äußeren Welt sind, wisst Ihr, die kein Aufheben darum machen, doch oftmals gute Menschen sind! Sie glauben an Gott, ich glaube nicht, dass jemand nicht an Gott glaubt – sie glauben an Gott. Entsprechend ihrer eigenen Art, wisst Ihr? Weil Gott nicht kommt, ist Gott nicht nur ein Name. Menschen glauben an Gott als Energieform. Einige Menschen glauben an Gott als Schwingungsform. Er kommt in verschiedenen Aspekten.

●　●　●

Warum ist es so, dass das Gute, in aufrichtiger Absicht getan , sich in Ego verwandeln könnte?

Edinburgh, Schottland, 6. Mai 2012

Gut, noch einmal, Ihr seht wieder diese Frage, die diese Person geschrieben hat. Wir haben gerade über diese beiden gesprochen. Ihr könnt Eure *eigene* Vorstellung vom Plan haben und Gott hat Seine eigene Art etwas zu machen, wisst Ihr. Seht, in dieser Frage, wenn Ihr sagt, „wie kann das Gute, in aufrichtiger Absicht getan, sich in Ego verwandeln?" Wenn Euer Gutes in aufrichtiger Absicht, aber ohne andere zu respektieren, getan wird, wird es natürlich als Gegenteil verstanden, oder sich in Ego verwandeln. So funktionieren Menschen.

Oft versucht Ihr Menschen zu helfen. Natürlich wollt Ihr es von Eurer Seite aus ganzem Herzen tun, aber es ist auch *Eure eigene* Erwartung dahinter. Wenn Ihr es macht, um jemandem zu helfen, und sagt: „Ok, wenn ich jemandem helfe, muss es gut sein", - aber von welchem Blickpunkt aus muss es gut sein? Wenn es mein Standpunkt ist, ist es für mich richtig. Ich sehe es als gut an, ich tue etwas Gutes. Aber ist es für jemand anderen gut? Also, wenn es zu Ego wird, sagt Ihr: „Oh, du meine Güte, ich habe Gutes getan, aber es hat Negatives, Böses bewirkt." Denn was für mich gut ist, bedeutet nicht, dass es für alle gut sein muss.

Ich gebe immer dieses Beispiel: Wenn ich Mangos liebe kann nicht erwarten, dass alle Mangos lieben, nicht wahr? Oder sollte ich bestimmen und sagen, oh, Ihr alle müsst ausschließlich Mangos lieben! Nein so geht es nicht. Es gab jedoch eine Zeit, vor dem Mittelalter, wisst Ihr? Aber jetzt ist eine andere Zeit. Eigentlich ist das der Grund, warum gesagt wird, dass es in dieser Zeit, in der wir jetzt leben, sehr leicht ist, Gott zu verwirklichen, weil Ihr *frei* seid. Vor der jetzigen Zeit, nein, da hattet Ihr keine Wahl. Ihr musstet Gott verwirklichen, Ihr musstet, sonst...sie hätten Euch getötet. Es war wie: „Entweder Ihr werdet spirituell oder Ihr seid tot!"

Und in dieser Frage, wisst Ihr, wenn Ihr etwas mit guter Absicht tut, und Ihr seid *wirklich* aufrichtig dabei, dann zählt das Ergebnis nicht, oder? Selbst wenn es so ist, dass Ihr einmal etwas macht, und es gerät nicht auf richtige Art und Weise, nicht so, wie Ihr es haben wolltet, versucht es wieder. Einmal, zweimal, dreimal, viermal. Denn wenn Ihr diese tiefe Überzeugung habt, dass es richtig ist, was Ihr macht, *wird* es funktionieren.

●　●　●

Können wir anderen, die nicht beim Darshan waren, Vibhuti geben um ihnen zu helfen?

Möhlin, Schweiz, 21. Juni 2011

Ja natürlich, Ihr könnt *immer* allen Vibhuti geben.

* * *

Ist es gut kranken Menschen Blut zu spenden?

Ja. Ich selbst habe gespendet. Denn Blut erneuert sich, wisst Ihr. Und...

Die Frage geht weiter: Was sind die karmischen Konsequenzen?

Es gibt keine karmische Konsequenz. Die karmische Konsequenz besteht darin, dass Ihr Euer Karma verbrennt. Es hilft Euch, anderen Menschen zu helfen.

* * *

GEMEINSCHAFT

Wie wichtig ist es heutzutage, mit Gruppen zusammenzuarbeiten?

Shree Peetha Nilaya, Springen, Deutschland, 10. Februar 2012

Eigentlich ist es sehr wichtig in Gruppen zu arbeiten. Warum? Weil, wenn Ihr eine bestimmte Übung alleine macht, z.B. Atma Kriya - natürlich schafft das eine gewisse Freude, aber wenn Ihr mit vielen Menschen zusammen übt, die dasselbe praktizieren, erschafft das eine andere Energie. Und diese Energie, die erschaffen wird, ist stärker und mächtiger. Sie hilft Euch und sie hilft anderen ebenso bei der Übung.

Deshalb sagte Christus zum Beispiel: „Wenn zwei oder drei in meinem Namen versammelt sind, werde ich mitten unter ihnen sein." Er sagte deutlich „zwei oder drei", was bedeutet, wenn da diese Gruppe ist, ist die Energie vollkommen anders. Also deshalb ist es sehr, sehr wichtig, sich wenigstens einmal in der Woche zusammen zu tun um Bhajans zu singen, um Euer Kriya zu machen, um Eure Meditation zu machen.

Die Frage geht weiter: Ist es wichtig, körperlich im selben Raum zu sein, oder ist es genug, im Geiste verbunden zu sein? Wo ist der Unterschied?

Nun, ich habe es gerade gesagt. Um individuell zu sein, findet Ihr immer eine Entschuldigung, es nicht zu tun, versteht Ihr. Aber wenn Ihr irgendwo hingehen müsst und wirklich gemeinsam daran teilnehmt, erschafft das auch die Bereitwilligkeit. Es zeigt, wie sehr Ihr *willens* seid, Eure Sadhana zu machen, wie sehr Ihr wirklich willens seid, das zu erreichen, was Ihr wollt. Weil, wenn Ihr nur da sitzt und sagt: „Ich will es tun, ich will es tun", und dann macht Ihr es nicht, zeigt Ihr keine wirkliche Wertschätzung dafür. Aber wenn Ihr eine gewisse Anstrengung unternehmt, ist da diese Freude.

Ich erinnere mich, als ich klein war, pflegte ich jeden Sonntagmorgen zum Tempel zu gehen. Warum? Weil sie dort immer Bhajans sangen. Sie sangen nur eine Stunde lang. Und davon wusste meine Mutter nichts. Ich sagte ihr: „Ich gehe ein paar Kurse besuchen", dann ging ich zum Tempel – und es war nicht nahe am Haus, wisst Ihr, es war nicht zu Fuß erreichbar. Ich musste zwei Busse nehmen, um dorthin zu gelangen. Aber ich ging jeden Sonntag, weil es dort viel Begeisterung gab, es war voller Freude. Jedes Mal, wenn man dorthin geht, sieht man verschiedene Menschen, man sieht die Begeisterung der Menschen in den spirituellen Handlungen. Aber es gibt den Menschen auch diese Freude, wisst Ihr. Es ist so wundervoll, jemanden zu sehen, der Gott liebt, und unter Menschen zu sein, die Gott lieben, und dann sind alle zusammen, all die Menschen, die dieselbe Liebe haben, zusammen.... Wisst Ihr wie viel Freude da drin steckt, wie viel Liebe da ist?

Das ist es, was Gruppen bewirken. Man lernt, sich selbst zu

vergessen. Man wird Eins. Es gibt keine Individualität, aber es gibt ein Ganzes. Dort sind viele, die Eins werden. Das ist das Wunderbare daran, in einer Gruppe zu sein.

Ansonsten, zu Hause, sitzt man nur da, - langweilig! Dann sagt man: „Oh, ok, ich werde schlafen gehen." Eh?

* * *

Kannst Du uns bitte etwas über die Wirkung des Klatsches sagen? Ich habe gehört, dass man selbst dadurch, dass man dem Klatsch – Tratsch – zuhört, an der Negativität Anteil hat.

Shree Peetha Nilaya, Springen, Deutschland, 10. Februar 2012

Das ist tatsächlich sehr wahr.

Die Frage geht weiter: Sogar ohne aktiv daran teilzunehmen. Bedeutet das, dass, immer wenn ich Leute schlecht über jemanden sprechen höre, ich sie erinnern sollte, es nicht zu tun?

Ja, tu das.

Die Frage geht weiter: ...und ist es genug, einfach wegzugehen?

Nun, wenn Du es nicht tun kannst,...wenn Du nicht so ein Selbstvertrauen hast, um zu den Leuten hinzugehen und zu sagen:

„Hört auf, über jemanden hinter dessen Rücken zu reden", dann geh lieber weg.

Die Frage geht weiter: Und auch, wo ist die Grenze wo man sagen kann, jemand tratscht?

Nun, man spürt das sehr, wo immer Tratsch ist, da gibt es auch einen Beigeschmack. Alle wollen ihren „Senf" dazu geben. Wisst Ihr? Und alle sind hellwach. Mehr, als wenn man beim Satsang sitzt oder beim Singen, oder beim Gebet. Wenn es Klatsch und Tratsch gibt, sind sie aufrecht! Ah! Jemand fragte mich nach einem Mantra für aufrechtes Sitzen. Ich denke, das ist das Mantra. Es ist mir nicht eingefallen, gerade jetzt ist es mir eingefallen.

Die Gita spricht auch darüber, wann immer jemand schlecht redet, nimmst Du, nur durch zuhören, daran teil.

● ● ●

ÜBER DEN TOD

Was denkst Du über Seelen, die sterben und die zurückkommen, um unsere Familie zu besuchen? Wo sind sie jetzt?

Split, Kroatien, 19. September 2011

Nun, schaut, die Reise der Seele, wenn man stirbt - sie können noch für einige Zeit in der Nähe sein. Aber nach einer gewissen Zeit fühlen sie sich gelangweilt. Niemand kümmert sich um sie. Dann müssen sie sich dem Licht zuwenden. Entweder müssen sie dann in andere Dimensionen gehen, um dort zu lernen, oder sie müssen zurück kommen. Was sie nicht zu Ende gebracht haben, müssen sie beenden. Deshalb sagte ich: Wenn man den Zweck des Lebens realisiert, und ihn erreicht - das ist, was die Heiligen Schriften sagen, auch die Gita sagt es, versteht Ihr? Selbst in einem einzigen Leben könnt Ihr Ihn erreichen, wenn Ihr Euch vollständig hingebt. Und das ist das Ziel der Seele: sich dem Göttlichen uneingeschränkt und vollkommen hinzugeben, um Ihn zu erreichen. Und wenn Ihr das in diesem Leben nicht erreicht habt, dann kommt Ihr wieder hierher zurück.

Aber wisst, der Zeitunterschied zwischen hier und dort ist ein vollkommen anderer. Manchmal kann jemand sterben - und bis die Seele zu der anderen Dimension gegangen ist und wieder zurückkehrt, um sich erneut zu inkarnieren, sind mehrere hundert Jahre vergangen. Und dort waren es vielleicht nur ein paar Minuten. Deshalb hängt es von den karmischen Dingen ab, die Ihr hier gemacht habt, wo die Seele ist, die Seele sein wird. Wenn jemand daran gearbeitet hat, die Lotus-Füße des Herrn zu erreichen, wird er dorthin gelangen. Wenn sich jemand aber in die materielle Welt hineingezogen hat, dann muss die Seele zurückkommen.

Seht, die Lotus-Füße des Herrn zu erreichen, ist ein großes Geschenk! Es ist das höchste Ziel, wie ich schon sagte. Aber manchmal muss man sich über 800 Mal inkarnieren! Denn in jeder Inkarnation lernt man neue Dinge, kommt man voran. In diesem Leben seid Ihr sehr aufgeschlossen, wisst Ihr. Wir sprechen über Gott, als sei Er unser bester Freund! Das bedeutet, dass Ihr in früheren Leben sehr hart gearbeitet habt, um das zu erreichen. Ihr habt bereits in der Vergangenheit diese Beziehung zu Ihm aufgebaut. Deshalb besteht diese Beziehung fort. Denkt nicht, dies geschehe nur so, weil Ihr aufgeschlossen seid. Denkt nicht, es sei nur einfach so, dass Ihr spirituell geworden seid! Nein. Da besteht ein gewisses Guthaben, aber es hängt alles von Euch ab in diesem Leben. Ob Ihr es aufbauen wollt, ob Ihr es zu Ende bringen wollt, es ist Eure Wahl.

●   ●   ●

Wie können wir die Angst vor dem Tod überwinden, und was sind die Anzeichen dafür, dass wir nicht mehr an unserem Körper hängen?

Satsang mit russischen Devotees,
Shree Peetha Nilaya, Springen, Deutschland, 6. März 2011

Es ist sehr wichtig, wie wir den Körper sehen. Selbst wenn man über Menschen sagt: „Ok, der Körper ist bloß eine Illusion", so bleibt dies nur hier im Verstand. Nur wenige realisieren das wirklich und erheben sich darüber. Es ist wahr, der Körper *ist* ein Vehikel.

Der Körper besteht aus den fünf Elementen: Pancha Thathvam. Pancha Vayu, Pancha Thathva ist hier, das ist es. Dadurch erschaffen wir diesen physischen Körper. Ob Ihr Angst davor habt, oder nicht, Ihr werdet sterben. Es bringt nichts, Angst davor zu haben!

Kann man dem Tod entkommen? Nein. Man kann den Tod transzendieren. Ihr könnt ihm entkommen, indem Ihr zu Eurem wahren Selbst werdet, wie die großen Yogis, die noch am Leben sind. Nehmt Mahavatar Babaji, der den Tod als solches überwunden hat. So, wie die meisten Seiner Schüler auch. Es ist unmöglich, dem Tod zu entkommen, also was bringt einem die Angst davor? Das Einzige, was man tun kann, ist ihn zu akzeptieren und ihn sozusagen „einzuplanen".

Ich rate den Leuten immer, sich mit dem Tod anzufreunden, jeden Tag über den Tod nachzudenken. Indem Ihr das tut, macht Ihr Euch den Tod zum Freund. Wenn der Tod Euer Freund ist, habt Ihr dann Angst vor Eurem Freund? Nein.

Wenn Ihr Euch mit dem Tod anfreundet, fängt er an Euch zu helfen.

Wie kann er Euch helfen? Er zeigt Euch, dass Ihr in Wirklichkeit ewig seid. Du bist nicht das, als was wir Dich wahrnehmen. Folglich macht es nichts aus.

Es ist, wie wenn Ihr Euch in ein Auto setzt und irgendwohin fahrt. Weigert Ihr Euch dann, aus dem Auto auszusteigen? Sagt Ihr dann: „Nein, ich werde in diesem Auto sitzenbleiben, ich will nicht aus dem Auto aussteigen!"? Nein! (lacht), „Ich liebe mein Auto so sehr, ich will darin sitzenbleiben!" Tut Ihr das? Nein! Wenn es seinen Zweck erfüllt hat, dann steigt Ihr aus und geht Eurer Wege, oder? Es ist das Gleiche mit dem Körper.

Wenn man sich den Körper ansieht - den Prozess im Körper – wenn man jung ist und stark, dann ist man sehr widerstandsfähig, nicht wahr? 50 Jahre später ist der Körper nicht mehr derselbe. Und einige Jahre später fängt der Körper an, immer mehr an Energie zu verlieren. Man wird für sich selbst sehen, dass man früher oder später sterben wird, nicht wahr? Kann man dem entkommen?

Es gibt eine Möglichkeit: Man muss ein Yogi werden. Dann wird man in der Lage sein, dem Tod zu entkommen. Man muss sein Selbst verwirklichen. Ein Yogi zu werden ist nicht leicht. Man kann nicht sagen, dass jemand sich hingesetzt hat und für einige Jahre meditiert hat, und ein Yogi geworden ist. So ist es nicht. Die Schritte, um ein Yogi zu werden, sind schwere Schritte. Aber wenn man sich stark macht, kann man einer werden.

Man muss *vollstes* Vertrauen haben, Euer Vertrauen muss hundertprozentig sein, nicht 50, nicht 20, nicht 99. 100. Man wird fragen: „Aber wie können wir 100 Prozent vertrauen?" Wie?

Zuhörer: Beten.

Zuhörer: Im Herzen sein.

SV: Beten. Im Herzen sein.

Zuhörer: Bedingungslose Liebe zulassen.

SV: Wie?

Zuhörer: Glauben.

SV: Glauben. Im Herzen sein. Macht weiter.

Zuhörer: Sich dem Göttlichen hingeben.

SV: Und? Macht weiter, macht weiter.

Zuhörer: Glaube. Ungebunden sein.

Zuhörer: Die höchste Schwingung ist wahrscheinlich Liebe.

Zuhörer: Alles akzeptieren.

Zuhörer: Sich dem Göttlichen hingeben.

Zuhörer: Paramahamsa Yogananda war so ein großer Guru, aber er war dafür nicht gesegnet. Er hat den Tod nicht überwunden. Ist das wahr?

SV: Wer sagt, dass er den Tod nicht überwunden hat?

Zuhörer: Er ist nicht lange in seinem Körper geblieben, er kam wieder zu uns.

SV: Aha, dies ist das Geheimnis, das dahinter steckt.

Der Körper ist nicht so, wie Ihr den Körper seht. Ein Yogi kann auch einen *weiteren* Körper erschaffen. Auf dieselbe Weise wie ein Yogi ein anderes Universum erschaffen kann, kann ein Yogi auch einen anderen Körper erschaffen.

Zum Beispiel, seht Ihr? Der Körper, Staub, Vibhuti. Seht, in Indien, wenn sie Shivaratri feiern, tragen sie *echte* Asche von Menschen an sich auf. In allen Traditionen zeigen sie, dass dieser Körper – man sollte nicht daran anhaften. Wir müssen dem Körper immer dankbar sein – dass wir ihn haben, um Seine Bestimmung zu erfüllen, die Euch zu Eurem Ziel führt. Dieser physische Körper ist sehr wichtig, denn Ihr könnt nicht auf einer astralen Ebene sein und das Göttliche erreichen – unmöglich. Ihr müsst in einem manifestierten Zustand sein, in dieser greifbaren Welt, in einem physischen Körper – dann könnt Ihr das Göttliche erreichen. Daher ist der physische Körper sehr, sehr, sehr wichtig.

Das erinnert mich daran, was ich gerade eben gesagt habe. Natürlich behalten nicht alle großen Yogis den Körper. Seht Euch zum Beispiel Krishna an. Er ist Gottes Manifestation Selbst. Es gibt keine andere, größere Verkörperung als Ihn, die jemals auf Erden gekommen ist. Aber selbst Er, da Er einen physischen Körper angenommen hatte, starb auf dieselbe Weise wie normale Menschen. Wisst Ihr wie Er starb? Er wurde von einem Pfeil angeschossen und Er starb. Doch Seinen Körper hatte Er bereits transzendiert, Er hatte bereits einen anderen kosmischen Körper kreiert, der Seine wahre Gestalt ist, welcher Narayana Selbst ist.

Es ist dasselbe mit den Yogis. Selbst wenn sie den Körper hier nicht behalten – sie behalten den Körper nicht leibhaftig – aber sie behalten den spirituellen Körper.

Genauso war es mit Ramanuja Acharya. Ramanuja Acharya ist unser Sampradayana. Bevor er Mahasamadhi nahm, flößte er seine Lebenskraft in *Prana Pratishta* ein, wie man sagt. *Prana* bedeutet Lebenskraft, die im Menschen ist. Indem er das Prana, seine

Lebenskraft, in eine seiner Murtis eingeflößt hat, gab er dieser Murti Leben. Das bedeutet, dass er nicht im physischen Zustand, der durch die fünf Elemente gebunden ist, existiert, sondern er existiert in einem anderen Zustand, der durch Pancha Tattva, die fünf Metalle, gebunden ist. Dies ist auch eine Weise, wie die Yogis einen weiteren Körper erschaffen.

Oder zum Beispiel Ayyappa Swami. Kennt Ihr Ayyappa Swami? Ayyappa Swami ist eine Manifestation von Shiva und Vishnu zusammen. Er ist der Sohn von Shiva und Vishnu. Die Menschen mögen denken: „Wie können Vishnu und Shiva einen Sohn haben?" Nein, Ihr denkt das nicht? Gut.

Als seine Aufgabe auf Erden getan war, transformierte sich sein physischer Körper in Stein. Sein Pflegevater [Raja Rajasekhara] hielt seine Füße und sagte: „Oh, du solltest nicht weggehen", und er antwortete: „Nun, meine Verkörperung hier ist zu einem Ende gekommen. Ich habe mich zu diesem Zweck inkarniert. Nun muss ich zurückgehen." Der Vater hielt seine Füße und sagte: „Nein, Du bist mein Sohn. Du musst bei mir sein." Sein Ruf war so aufrichtig, dass er nicht „nein" zu seinem Vater sagen konnte. Was tat er? Er sagte: „Ok, gut, ich werde immer bei dir sein. Nimm also deinen *Kadavar*, nimm deinen Schal und binde ihn um mich." Als er das tat, transformierte er seinen Körper mit seiner yogischen Kraft in einen Festkörper. Einfach so verewigte er sich hier und da. Die Murti wurde gescannt. Im Innern dieser Granit-Murti befinden sich alle Organe, wie bei normalen Menschen. Das Herz, die Leber, alles.

Zuhörer: Wo ist diese Murti? Wo ist sie?

SV: Sie steht in Sabarimalai, Südindien, irgendwo im

Wald. Um dorthin zu gehen – man kann nicht einfach so dahin gehen. Man muss 40 Tage lang *strikt* fasten. Frauen sind nicht zugelassen. Junge Mädchen sind zugelassen, und ältere Frauen sind zugelassen. Man muss sich völlig schwarz kleiden. Doch das ist kein Problem. Man muss unten am Boden schlafen und so weiter. Das Fasten ist so streng, ansonsten wird man von den Tigern im Wald gefressen.

[Zuhörer lachen]

SV: Vor zwei Monaten im Januar – in Sabarimalai ist er berühmt, weil er sich zu gewissen Zeiten, bis heute, in einem Lichtball manifestiert. Einige Minuten lang sehen die Menschen nur einen hellen Lichtball, wie die Sonne, dort wo er ist. Wenn das geschieht, gehen Millionen von Menschen dorthin. Und in Makarasankarati, am 14. Januar diesen Jahres, konnte man es auch im Internet sehen. Es kam in Mauritius in den Nachrichten. Ich habe es gesehen, als ich in Mauritius war. Da war eine Frau, die dorthin ging. Sie war ein junges Mädchen. Sie hatte noch nicht ihre Menstruation. So fastete sie für 40 Tage. Was passierte als sie dort ankam? An dem Tag, als sie dort ankam, bekam sie ihre Menstruation. Trotzdem ging sie zum Darshan, und in dem Moment, als sie das Licht sah, starb sie. Einige Leute werden sagen, dass das schrecklich ist, aber es ist ein wahrer Segen. Doch es ist dramatisch. Somit haben sie es eingeschränkt.

In Indien ist es bekannt. Ragavendra Swami ging in Jiva Samadhi.

Doch dies geschieht nicht nur in der hinduistischen Tradition, auch im Christentum gibt es solche Heilige. Ich bin auch so einem in Ägypten begegnet. Ich würde ihn nicht einen Yogi nennen, aber er ist in einem sehr hohen Zustand, wo sein Körper sich in Licht verwandelt. Wenn ich Licht sage, heißt das, dass Licht aus ihm kommt. Sein Name war Vater Fanous. Wenn Ihr in die Kapelle geht, findet Ihr dort einen Kasten mit seinem Bild darauf. Als wir dort waren, gab er mir eines seiner Sachen. Er trägt Socken an den Händen, weil er nicht möchte, dass die Leute es sehen.

Das zeigt, dass die Seele unsterblich ist. Ihr seid unsterblich. Wenn Ihr starkes Vertrauen habt und, wie Narakum sagte, um den Guru seid, werdet Ihr davon profitieren. Dann wird Liebe erwachen, denn wenn man über Liebe spricht, werden Menschen immer eine bestimmte Eigenschaft von Liebe bekommen – Liebe, die sie verstehen können. Während man bei einem Lehrer ist, transzendiert man die Begrenzung der bloss äußerlichen Liebe und realisiert die universelle Liebe. Ich schweife ab...

Es ist spät, oder? Ok, lasst uns weitermachen.

●　●　●

Wenn jemand stirbt, sagen die Leute immer die gleichen Dinge: „Jetzt geht es ihm gut. Er ist jetzt glücklich." Ist das wahr?

Möhlin, Schweiz, 21. Juni 2011

Nun gut, das kommt immer darauf an. Wenn er ein glücklicher Mensch war, ist er glücklich! Aber wenn er kein glücklicher Mensch war, dann ist er nicht glücklich. Dann erkennt er, dass es es die ganze Zeit über verpasst hat, glücklich zu sein – und das macht ihn *noch* unglücklicher! Wie kann es diesem Menschen gut gehen? Es geht ihm nicht gut.

Aber die Leute werden sagen: „Es ist gut, es geht ihm jetzt gut." Darauf wird die Seele sagen: „Oh meine Güte, er sagt, dass es mir gut geht. Er realisiert gar nicht, wie gut es *ihm* geht, wie glücklich er sein kann, in sich ein Leben zu haben. Wohingegen ich wiederkommen muss."

● ● ●

Ist es wahr, dass die Toten den Lebenden helfen?

Möhlin, Schweiz, 21. Juni 2011

In gewisser Weise, ja. Sie helfen – wenn sie fortgeschritten sind, können sie den Menschen helfen, ebenfalls voranzukommen. Aber wenn sie nicht fortgeschritten sind, dann brauchen *sie* Hilfe. Dann solltet Ihr beten und ihnen helfen. Deshalb *beten* sie in *allen* Religionen. Ihr wisst, wenn jemand stirbt, dass sie eine bestimmte Anzahl von Tagen beten – 9 Tage, 11 Tage, und 40 Tage, ein Jahr. Das hilft der Seele zur nächsten Ebene fortzuschreiten, wo immer die Seele hin muss.

Die Frage geht weiter: Ist es nicht besser für beide Seiten, wenn sich der Verstorbene auf Gott konzentriert und seinen Weg geht, anstatt zu versuchen zu helfen?

Sehr gut. Nun, es ist besser. Das Beste für beide! Aber um an Gott zu denken, sich auf Gott zu konzentrieren, muss man lernen, sich auf Gott zu konzentrieren solange man am Leben ist! Nicht wenn man tot ist! Man muss diese Verbindung zu Gott aufbauen solange man am Leben ist. *Deshalb* hat Gott Euch diesen physischen Körper gegeben.

Seht, wenn man tot ist, realisiert man viele Dinge! Viele Dinge, die man hätte tun sollen! Vieles darüber, weswegen sich Eure Seele inkarniert hat. Was das Dharma der Seele ist, hier an sich – Eure Seele erkennt es, aber es ist zu spät! Ihr müsst wiederkommen. Darum müsst Ihr jetzt damit anfangen, Euer Dharma zu realisieren, solange Ihr noch am Leben seid. Nicht, wenn Ihr tot seid. Denn, wenn Ihr tot seid, werdet Ihr sagen: „Ups! Ich habe nicht verstanden, worum es ging."

Die Frage geht weiter: Was geschieht, wenn jemand stirbt? Gibt es dort eine Willkommens-Party für den verstorbenen Menschen?

Nun,...

[Zuhörer lachen]

SV: Es gibt keine Party!

[Zuhörer lachen]

SV: Manchmal kommen sie und begrüßen Dich. Oft, nicht erst wenn der Mensch schon gestorben ist, sondern bevor der Mensch stirbt, beginnen sie, ihre Verwandten zu sehen, die Menschen, Freunde, Familienangehörigen, die bereits entschlafen sind. Wenn sie sich noch auf der Astral-Ebene befinden, kommen sie manchmal. Natürlich nicht, um eine Party zu feiern. Aber sie kommen, um den Menschen darauf vorzubereiten zu gehen.

Ich erinnere mich daran, wie es mit meinem Großvater war, bevor er starb, sah er seine Eltern. Er sprach darüber. Ein paar Tage zuvor sprach er darüber: „Oh, dieser Freund, dieser Mensch kam zu Besuch." Dann weißt Du, dass sie die Seele für die andere Seite vorbereiten.

Die Frage geht weiter: Kann sich die verstorbene Person der Party anschließen? Oder sollte die verstorbene Person schnell zum Licht gehen?

Nun, wenn es der Seele bestimmt ist, eine Party zu haben, wird sie sich der Party anschließen. Aber wenn die Seele dazu vorbestimmt ist, das Licht zu erreichen und sich in das Licht hinein aufzulösen, wird es so geschehen. Es hängt alles davon ab, was der Mensch getan hat, als er noch am Leben war.

Wenn die Person daran gearbeitet hat, das Licht zu erreichen, wenn sie daran gearbeitet hat, ihr Selbst zu realisieren, wird sie sich zum Licht hinbewegen. Aber wenn sie hier ein wenig faul war, dann wird sie sich der Party anschließen und auf die Zeit warten, wieder zurückzukommen.

Also, was würdet Ihr tun? Euch der Party anschließen? Party klingt gut in den Ohren, eh? *[Swamiji lacht]*

Zuhörer: Jemand stirbt, und man ist anwesend, und man sieht, dass die Person in Frieden stirbt. Du sagtest zuvor, dass da eine Möglichkeit ist, dass eine Seele glücklich sein kann, dass die Person nach dem Sterben glücklich oder unglücklich sein kann.

Nun, wenn Ihr seht, dass die Person friedlich starb - die Ausstrahlung des Gesichtes ist sehr friedlich - dann bedeutet das, dass die Person frei ist. Denn im Tod könnt Ihr Euch nicht selbst betrügen.

Das ist etwas, was bei allen genau gleich geschieht. Der Tod - wenn der Tod kommt, ob Ihr sehr reich seid oder der Ärmste von allen, ob Ihr vom Norden oder Süden kommt, ob Ihr weiß oder schwarz seid - wenn der Tod kommt, ist er für alle gleich. Die Ausstrahlung des Gesichtes, wenn Ihr seht, dass jemand friedlich gestorben ist, dann wisst Ihr, dass die Person auf dem richtigen Weg ist.

Der Unterschied zwischen jemandem, der sehr mit der Welt verhaftet ist, und jemandem, der frei ist, besteht darin, dass es für die Person, die an der Welt hängt, sehr schwierig ist loszulassen; und selbst wenn die Seele geht, dann könnt Ihr diese Traurigkeit sehen - Ihr spürt sie sogar. Wohingegen Ihr bei jemandem, der frei ist, Friedlichkeit und Ruhe seht. Darum sagt man - ich weiß nicht, ob man es hier auch sagt - wenn jemand im Schlaf stirbt, ist das der beste Tod. Derjenige ist frei, er ist ruhig.

* * *

Warum sterben so viele Tiere?

Shree Peetha Nilaya, Springen, Deutschland, 6. Januar 2012

Nun, alle sterben, selbst Menschen und auch Bäume, nicht nur Tiere.

* * *

Was geschieht, wenn jemand einem beim Sterben hilft? Es gibt einige Organisationen, die mittels tödlich wirkender Injektion helfen. Wer möchte, dass sie anwesend sind, kann dann entweder eine todbringende Pille einnehmen oder eine zum Tod führende Injektion erhalten.

Möhlin, Schweiz, 21. Juni 2011

Das ist Selbstmord! Und alles das ist … wenn Ihr Euch selbst tötet, auf aggressive Weise, dann werdet Ihr Euch ein sehr schweres Karma aufladen.

Wenn die Organisation Euch helfen wird zu sterben, durch Gebet - nett, Euch Positivität gibt, Euch hilft, vorwärts zu kommen - dann ist das in Ordnung. Aber wenn Ihr Euch nur eine Injektion geben lasst, … das ist, wie jemanden umbringen; es ist dasselbe.

Wie die Schriften sagen, es ist nicht erlaubt, Leben zu nehmen, egal ob es altes oder junges ist. Es ist Euch nicht erlaubt, Leben zu nehmen, alt oder jung, bis Ihr Leben zurückgeben könnt. Können sie der Person, die sie töteten, Leben zurückgeben? Nein. So denke ich darüber. Aber jeder kann etwas anderes denken, auf seine eigene Art.

● ● ●

Swamiji liest eine Frage und sagt: „Es geht um Euthanasie. Eine sehr lange Frage."

Shree Peetha Nilaya, Springen, Deutschland, 10. Februar 2012

Ok, es geht um Sterbehilfe (Euthanasie), um Leute, die sich selbst töten.

Wer immer sich engagiert ... um es kurz zu machen, wer immer sich darauf einlässt, diesen Leuten zu helfen, hat natürlich teil an den karmischen Dingen des Tötens. Auch wenn dieser Mensch leidet - natürlich denken die Leute in ihrem Kopf, dass, „ok, sie leidet, lasst uns dieser Person das Leben nehmen." Aber könnt Ihr ihr Leben geben? Wenn Ihr kein Leben geben könnt, wer gab Euch das Recht, das Leben aus der Person heraus zu nehmen? Sogar für Euch selbst gilt das als Selbstmord. Natürlich, die karmischen Dinge davon werdet Ihr zu tragen haben.

Das gilt auch für Tiere: es ist dasselbe. In der Natur leben sie, sterben sie, haben sie ihre eigenen Krankheiten, und die Zeit vergeht. Auch sie leiden, und dann sterben sie normalerweise. Das ist das Naturgesetz des Lebens. Niemand hat das Recht, Leben zu nehmen, weder vom Menschen noch vom Tier.

Wer immer da mitmacht, beteiligt sich auch an den karmischen Dingen. Denn die Person sagte, dass Ihr, um diese Dinge zu tun, zwei Papiere unterzeichnen müsst; mit dem Unterzeichnen der Papiere unterzeichnet Ihr auch, dass Ihr diesen Menschen tötet. Das Karma dafür werdet Ihr abbauen müssen.

● ● ●

Was geschieht mit der Seele, wenn ein Mensch Suizid begeht?

Shree Peetha Nilaya, Springen, Deutschland, 6. Januar 2012

Selbstmord zu begehen ist eine unverzeihliche Tat. Wenn also jemand Selbstmord begeht, ist sein Verstand sehr aktiv. Er ist tatsächlich absolut aktiv. Was geschieht in diesem Moment? Dies erschafft eine sehr dunkle Wolke für die Seele. Das Karma eines Menschen, der Suizid begeht ist sehr mächtig.

Was geschieht mit der Seele? Die Seele wird noch mehr gefangen sein. In ihrem nächsten Leben hat die Seele mehr Dinge zu tun. Die Frage wird aufkommen: „Aber ist die Seele nicht frei?" Nun, die Seele ist stets frei, das ist wahr, aber die Seele ist wie - Ihr habt einen Lichtball, und dann legt Ihr eine Decke darum, wie eine dicke Schicht von Schwarz. Sagen wir ein Feuerball zum Beispiel. Ihr habt einen Feuerball und darum herum legt Ihr ein großes, dickes, schwarzes Metall; dann legt Ihr ihn erneut ins Feuer: was geschieht? Wird die Seele darin aufgehen? Nein. Da ist immer noch das Metall drumherum. Ich gebrauche Metall als Beispiel. Je dicker das Metall darum ist, desto schwieriger ist es.

Wenn jemand Selbstmord begeht, dann wird eine sehr schwere Energie erzeugt. Deswegen gibt es, auch in der Heiligen Schrift, nicht viele Gebete [für Suizid]. Es ist interessant, wir reden im Hinduismus davon, dass es da kein Gebet für einen Selbstmörder gibt. Nicht einmal der Priester wird kommen und das Gebet sprechen, denn man sagt, wenn der Priester kommt und das Gebet spricht, dann wird er ebenfalls an diesem Karma teilhaben. Das ist der Grund, warum es in der hinduistischen Kultur kein Gebet dafür gibt. Merkwürdigerweise gibt es im Christentum ebenfalls kein Gebet dafür.

Zuhörer:	Was ist mit den Frauen früherer Zeiten in Indien, die Sati begingen, die nach dem Tod des Ehemannes im Feuer verbrannten?
SV:	Nun, das wird nicht als dasselbe betrachtet. *Sati Savitri* ist anders, da ist eine Bereitwilligkeit. Seht, wenn man Selbstmord begeht, ist da keine Bereitwilligkeit dabei.
Zuhörer:	Aber ist es die Bereitwilligkeit dieser Frauen oder ist es die Bereitwilligkeit der Kultur?
SV:	Sehr oft die Bereitwilligkeit der Frauen. Es ist aber auch die Kultur, sie taten es jahrhundertelang.
Zuhörer:	Aber ist es in diesem Moment nicht Suizid?
SV:	Nein, das gilt nicht als Selbstmord. Aber sich das Leben zu nehmen, um vor etwas davon zu laufen, das ist es.

Auch im Christentum gibt es kein Gebet dafür, wenn jemand Suizid begeht. Auch in anderen Religionen gibt es kein Gebet dafür, denn die großen Yogis aller Kulturen, aller Orte, sind sich wohl bewusst darüber, denn das Leben ist das größte Geschenk, das Gott der Menschheit gegeben hat, und dieses Geschenk zurückzuweisen bedeutet eigentlich, die Seele selbst zurückzuweisen. Wenn der Verstand etwas denkt, will die Seele das nicht unbedingt. Aber wenn die Seele das Göttliche unbedingt erreichen will, und Ihr kreiert dennoch ein Hindernis für sie, reagiert die

Seele. Deshalb ist das Karma dafür sehr groß. Sehr oft beeinflusst es viele *Leben*.

SV: Fragen? Ja, Mataji, wo bist du?

Zuhörer: Ist es nicht ein Zeichen von Mitgefühl, für die Familie zu beten?

SV: Nein, nein. Ihr könnt immer beten, sogar für die Person, die Suizid begeht.

Zuhörer: Ja, aber das Beisetzungsgebet. Ist das nicht eine Frage des Mitgefühls als Familie? Ich denke ja.

SV: Ich verstehe nicht, was Du meinst. Was meinst Du?

Zuhörer: Es zeugt von Seiten der Kirche oder des Priesters nicht von viel Mitgefühl, wenn sie keine Gebete sprechen.

SV: Aber sie sprechen Gebete, doch in den Schriften gibt es kein spezifisches Gebet dafür. Was ich sagen will ist, Ihr *könnt* beten.

Zuhörer: Ich meine nicht nur irgendein Gebet, ein Beisetzungsgebet. Ich spreche von der Familie.

SV: Natürlich ist das Zeremoniell normal - wie das Zeremoniell für einen toten Menschen - aber seht, es gibt kein spezifisches Gebet für jemanden, der Suizid begeht. Versteht Ihr, was ich meine? Schaut, normalerweise wenn jemand Suizid begeht, sollte es ein besonderes Gebet dafür geben. So wie alles ein besonders Gebet hat. Wenn man getauft wird, gibt es ein besonderes Gebet. Wenn man geboren wird, gibt es ein besonderes Gebet. Wenn man heiratet, gibt es ein besonderes Gebet. Es ist nicht jedes Mal das

Gleiche.

Wenn Ihr sterbt, gibt es ein besonderes Gebet; aber wenn Ihr Selbstmord begeht, dann gibt es dafür kein besonderes Gebet. Euch kann nicht vergeben werden. Denn in diesem Augenblick ist es nicht Gott, der Euch straft, da Gott nicht straft, sondern Eure Seele reagiert selbst und erzeugt die Bestrafung für Euch . Versteht Ihr? Sie kommt nicht von Gott, sondern von Eurem eigenen Selbst, von Eurem höheren Selbst.

Zuhörer: Warum bestraft die Seele den Verstand, oder den Geist,oder den Menschen?

SV: Nun, weil die Seele aufwärts gehen will, nicht wahr?

Zuhörer: Aber, wenn sie mehr Karma hervorruft, macht sie es schwieriger durch Bestrafung .

SV: Ja, natürlich; das geschieht automatisch, weil Ihr ein Hindernis für die Selbstverwirklichung oder das Erreichen Gottes kreiert. Das ist der Verstand.

Zuhörer: Also geschieht die Bestrafung im Verstand der Person?

SV: Ja, aber sie wird auch im Außen geschaffen. So funktioniert Karma: Weil Ihr auf Verstandesebene funktioniert, wird es so groß. Deshalb, was immer Ihr tut, wenn Ihr es aus dem Verstand heraus macht, dann bleibt Ihr stecken. Ihr kreiert mehr. Deshalb gilt es in der Spiritualität, den Verstand zu beruhigen. Lasst den Verstand das Göttliche fokussieren, damit Ihr frei sein könnt. Das ist es, was ich zu Beginn sagte:

in dem Augenblick, in dem jemand Suizid begeht, ist der Verstand auf seinem allerhöchsten Stand.

Zuhörer: Ist es mit der Sterbehilfe das Gleiche? Wenn kranke Leute den Arzt darum bitten, ihr Leben zu beenden?

SV: Es ist das Gleiche: Wie die Heilige Schrift sagte, ist es Euch nicht erlaubt, jegliches Leben zu nehmen, sei es jung oder alt, bis Ihr Leben geben könnt.

Zuhörer: Was ist mit Schwangerschaftsabbruch?

SV: Es ist das Gleiche. Tötung.

● ● ●

JUST LOVE

SPIRITUALITÄT

Wache mit einem Lächeln
auf dem Gesicht auf.

DHARMA

Wie kann man den Sinn des Lebens finden, wenn die Seele dieser irdischen Ebene entwächst?

Split, Kroatien, 19. September 2011

Es stimmt, dass sich die Seele oberhalb der irdischen Ebene befindet. Aber nichtsdestoweniger inkarniert sich die Seele aus einem bestimmten Grund auf dieser Ebene. Wie ich gestern sagte, das höchste Ziel jedes Menschen ist es, das Göttliche zu erreichen. Dies ist in Wirklichkeit das höchste Ziel des Lebens. Also gibt es auch einen Weg, dieses Ziel zu erreichen.

Sehr oft fragen mich die Leute: „Wie werde ich das wissen?" Nun, die Antwort ist ganz einfach. Wisst Ihr, wenn Gott Dich an eine bestimmte Stelle gesetzt hat, dann steckt ein Grund dahinter, warum Du genau dort bist. Es könnte keinen anderen Grund geben, warum Du nicht dort sein solltest. Warum hat Gott zwei Menschen zusammen gebracht? Warum gehen sie manchmal wieder getrennte Wege? Dahinter steht das Gesetz des Karma. Jedoch, was sie gegenseitig anzieht, ist ebenso der Wille Gottes darin.

Wie also kann man erkennen, was das eigene *Dharma* im Leben ist? Um das eigene *Dharma* zu kennen, muss man anfangen, das zu lieben, was man tut und zu lieben, wohin Gott einen gestellt hat. Aber selbst das finden die Menschen schwierig, denn natürlich möchte jeder alles im Leben haben. Selbst die Menschen, die alles haben, wollen mehr! Doch um das zu erreichen, muss man auch frei sein, oder? Wenn soviel Druck auf einem liegt, wie kann man da frei sein?

Häufig begegne ich Menschen, die sagen: „Swamiji, wie können wir Gott lieben? Wie können wir lieben, was wir tun, wenn soviel Druck auf uns liegt?" Nun, wisst Ihr, Ihr macht Euch selbst Druck, und dann fragt Ihr: „Warum bin ich so unter Druck gesetzt?"

Ich erinnere mich, in einem der Satsangs hier vor ein paar Jahren habe ich gesagt, dass die Leute immer die Sorgen zu sich einladen, weil sie sich gerne selbst bemitleiden. Sie beschweren sich gerne, und das ist die Würze, die sie dran geben. Doch sie merken nicht, dass sie es tun – anstatt den Moment wirklich zu akzeptieren und weiterzugehen. Hängt Euch nicht daran auf. Solange Ihr das macht, werdet Ihr nicht lieben, was Ihr tut und Euer wahres Dharma wird sich Euch nicht enthüllen. Wenn Ihr hier so kleine Dingen nicht bewältigen könnt, wie wollt Ihr hinterher das größere Dharma bewältigen?

Die Menschen wollen immer von hier nach dort springen. Ich sage nicht, dass Ihr das nicht könnt. Ihr könnt. Aber Ihr müsst auch dafür bereit sein. Ihr müsst bereit sein, bestimmte Konsequenzen auf Euch zu nehmen und zu ertragen. Aber hey, hier könnt Ihr noch nicht einmal mit dem umgehen, was Gott Euch im Moment gibt! Wie wollt Ihr dann das Dharma Eurer Seele schaffen?

Als Ihr zum Beispiel klein wart, habt Ihr da alles geplant? Nein, Ihr habt nicht geplant. Und dennoch ging alles gut, oder? Weil Ihr das liebtet, was Ihr in jenem Moment getan habt. Euer Verstand ist nicht dazu da, ständig zu urteilen.

Wie viele von Euch hatten, als sie jung waren, einen bestimmten Traum? Jedoch hat sich Euer Traum im Laufe des Lebens noch nicht erfüllt. Ihr habt eine bestimmte Vorstellung davon, was Ihr tun möchtet, und dennoch, wenn Ihr heute betrachtet, was Ihr tut, ist es grundverschieden! Und das ist das *Dharma* des Lebens. Wenn Ihr wirklich das tun möchtet, wofür Ihr hier seid, dann müsst Ihr den Moment akzeptieren. Ihr müsst akzeptieren, wo Ihr steht. Ihr müsst Euch selbst akzeptieren, so wie Ihr seid. Denn wenn Ihr diese drei Dinge nicht akzeptieren könnt, dann werdet Ihr nicht in der Lage sein, andere zu akzeptieren. Für den Lebenssinn werdet Ihr dann unbrauchbar sein. Dann muss die Seele wiederkommen.

In den Schriften wird gesagt, dass ein Leben genügt, um Gott zu verwirklichen. Nur ein Leben ist genug, um Seine Gnade zu erlangen, und dafür muss man aufrichtig sein. Ich sage nicht, dass Ihr aufrichtig gegenüber x, y, z sein sollt, Nein! Aufrichtig mit Euch selbst sein. Und Ihr werdet diese Aufrichtigkeit nur erlangen, wenn Ihr gelassen seid. Wenn Ihr in Frieden mit Euch selbst seid. Und Gelassenheit und Frieden kommen, wenn Ihr Euch selbst liebt. Und zwar jetzt, im gegenwärtigen Augenblick. Nicht, was in der Zukunft sein wird.

Was in der Zukunft sein wird, wird dort sein. Es hängt alles vom gegenwärtigen Moment ab. Seht, es ist leicht zu sagen: „Ja, die Seele entwächst der irdischen Ebene", und doch habt Ihr einen irdischen Körper bekommen, warum? Weil Ihr in der anderen

Ebene das Göttliche nicht erreichen könnt. Ansonsten würde sich Eure Seele nicht inkarnieren. Eure Seele ist weitaus mächtiger, als jedes physische Ding, irgendwelches materielle Ding, sogar als der physische Körper. Aber wisst Ihr, dennoch wählt Gott, hier zu inkarnieren. Eben die Personifizierung Dessen, Wer Ihr seid, wählt diesen physischen Körper um zu inkarnieren, nicht? Das bedeutet, es gibt einen Sinn dahinter.

Nichts ist ohne eine Absicht. Nichts ist vergebens. Selbst hinter den kleinen Dingen, die man tut, steht eine große Bedeutung, wenn man die Bedeutung sieht. Einfach gesagt, ist das der Sinn des Lebens. Und dieser ist für jeden Menschen verschieden. Und das ist Euer Weg, ich kann Euch nur davon erzählen. Ich kann Euch nicht ziehen. Selbst wenn ich wollte! Ich kann es nicht für Euch tun. Wisst Ihr, ich muss Eure Seele auch respektieren. Ich muss auch Euren Willen respektieren. Ansonsten hätte Gott Euch alle vor langer Zeit schon verwirklicht gemacht, einfach so (lacht). Ihr müsst es Euch verdienen, zu diesem Punkt zu gelangen. Wisst Ihr, wenn jemand mit bestimmten Dingen nicht zurecht kommt, würdet Ihr dieser Person diese Aufgabe erteilen? Nein, würdet Ihr nicht. Nur wenn diese Person bereit ist, würdet Ihr sagen: „Ja, diese Person ist bereit", dann gebe ich sie ihr. Es ist das Gleiche mit der Gnade Gottes.

Eigentlich seid Ihr hier, um Euch darauf vorzubereiten, Seine Gnade zu empfangen. Und wenn Ihr Seine Gnade empfangt, wisst, dass Ihr Ihn erreichen werdet. Aber Ihr müsst Euch selbst bereit machen.

●　●　●

Kannst Du eine Erklärung zum eigenen Dharma geben?

Edinburgh, Schottland, 6. Mai 2012

Was ist Dharma? Pflicht. Und was *ist* Pflicht? Was ist die eigene Pflicht?

Zuhörer: Das zu tun, wozu man geboren ist, es zu tun.

Zu tun, wozu man geboren ist, es zu tun. Seht Ihr, auf dem spirituellen Weg, treffe ich immerzu auf Leute die sagen: „Swamiji, kannst du mir bitte sagen, was mein Dharma ist?", versteht Ihr? Und ich stelle ihnen die Frage: „Was machst du im Leben?" Und sie sagen, sie arbeiten dieses und jenes. Dann sagen sie direkt darauf: „Aber das ist *nicht* mein Dharma!" Sie stellen eine Frage, ohne auf die Antwort zu warten, sie beantworten ihre Frage bereits selbst. Nun, man sieht sehr oft solche Leute, sie stellen Fragen, aber sie haben bereits ihre Antwort im Kopf, und sie wollen, dass man ihnen ihre Antwort bestätigt. Und wenn man ihnen ihre Antwort bestätigt, sind sie sehr glücklich, aber wenn man ihnen ihre Antwort nicht bestätigt, dann werden sie sehr ärgerlich, oder sehr unglücklich.

Also, wenn man sie fragt: „Was machst du?", sagen sie: „Ich mache dieses! Oder jenes." Dann sagen sie: „Das ist nicht mein Dharma!" Und ich frage sie: „Aber wie *weißt* du, dass dies nicht dein Dharma ist? Wenn du weißt, dass dies nicht dein Dharma ist, bedeutet dies, dass du sehr wohl *weißt*, was dein Dharma ist!" Denn indem Du sagst ‚Dies ist nicht mein Dharma', was immer Du tust, ist nicht Dein Dharma, sagst Du, wo immer Gott Dich hingestellt hat, ist falsch.

Wenn wir auch darauf vertrauen, dass Gott der Eine *ist*, Der Dich beherrscht – wo immer Er Dich also auf den Pfad gesetzt hat - Er hat Dich gesetzt. Dann sagst Du, dass „Du irrst Dich, ich weiß besser als *Du*, was mein Dharma ist!" Tatsächlich hat jeder im Leben sein eigenes Dharma.

Das Dharma einer Mutter ist es, ihr Kind eine Zeit lang zu betreuen. Natürlich, sie versorgt das Kind, und dann wird sie sich um das Wohlergehen der Familie kümmern. Das Dharma des Ehemanns ist, für die Familie zu sorgen, sie zu versorgen, auf andere Art – durch arbeiten, durch da sein, wisst Ihr, die Familie zu erhalten. Und das Dharma eines jeden einzelnen ist zu akzeptieren, wo immer man ist. Denn was immer Du tust, es *ist* Dein Dharma, wo immer Gott Dich hingestellt hat, Du bist da für einen Zweck. Ihr müsst lernen, das zu akzeptieren. Und wenn Ihr lernt, das zu akzeptieren – wenn Ihr liebt, was Ihr tut – werdet Ihr sehr klar sehen, dass Er Recht hat. Und das ist Hingabe, das ist Akzeptanz. Und dann wird sich das größere Dharma, *weswegen* Ihr gekommen seid, enthüllen, wenn Ihr erst einmal gelernt habt, das kleinere Dharma anzunehmen. Was nützt es, jemandem eine größere Arbeit zu geben, wenn er eine kleine Arbeit nicht akzeptieren kann. Zuerst musst man lernen, die kleinen Dingen des Lebens zu akzeptieren, so dass Gott später das wahre Dharma Eurer Inkarnation enthüllen kann und Euch auf diesen Weg zuführen kann. Tatsächlich, ist es das, was im Leben passiert. Oftmals, wenn jemand auf dem spirituellen Weg geht, haben sie Lust, die Stelle zu wechseln, wisst Ihr. Sie haben in einem Büro gearbeitet, sie haben als Sekretär(in) gearbeitet, oder was auch immer. Sie alle wechseln ihren Job, sie alle wollen Heiler werden. Sie alle wollen Hellseher werden, und sie alle wollen vieles werden, wisst Ihr? Ein großer Sprung. Es geht nicht so.

Eventuell liegt es in Euch, ja, all dies zu tun, weil der Eine, Der dieses Gefühl in Euch gelegt hat, Er kennt die höhere Aufgabe für Euch, denn mit Eurem Gehirn, mit dem Verstand, seid Ihr Euch des derzeitigen Dharmas nicht gewahr. Aber Er wird Euch zunächst führen. Er wird Euch vorbereiten! Er wird Euch nicht von einem zum anderen springen lassen. Mit Sicherheit, wenn Er das Gefühl gegeben hat, dass Ihr ein Heiler werdet, *ist* es da. Ihr werdet es werden, ja. Aber Ihr müsst lernen, Schritt-für-Schritt zu gehen. Wie mit allem anderen, wisst Ihr?

Allerdings ist dieses Schritt-für-Schritt Gehen auch der Lernprozess des eigenen Dharmas. Zu lernen, erst einmal anzunehmen, *wo* Ihr hingestellt worden seid. Nicht einen großen Sprung zu machen. Und Ihr werdet dann bemerken, dass sehr oft, wenn jemand auf diese Weise einen großen Sprung tut, nichts funktioniert. Habt Ihr das bemerkt? Dass das Leben selbst da nicht mitmacht. Denn da ist eine große Lücke, wo Ihr noch zu lernen habt, Schritt-für-Schritt, und das ist der Prozess des Dharmas.

Zuhörer: Weißt du, es gibt einen Unterschied zwischen einem Soldaten, der jemanden tötet, und einer normalen Person, die jemanden tötet. Der Soldat ist verpflichtet zu töten, so, wird es da eine karmische Rückwirkung deswegen geben?

SV: Nein. Wenn man seiner Pflicht nachkommt, sind da keine karmischen Dinge dran gebunden.

Zuhörer: Aber die Person, für die es nicht ihr Dharma ist, die dennoch tötet, wird sie schlechtes Karma haben?

SV: Gemäß den Schriften, wie es heißt, in Ausübung

seiner Pflicht, als Soldat, kreiert man keinerlei Karma, weil das in die Gruppe der *Kshatriya* fällt. Die *Kshatriya* sind Soldaten. Die Pflicht eines Soldaten ist, sein Land zu beschützen, somit werden keine karmischen Dinge erzeugt oder erschaffen.

Zuhörer: Andererseits...

SV: Aber sie sollten es nicht *gerne* tun, Ihr versteht? Nicht, dass sie zum Spaß herumgehen und..., Ihr wisst, wie es geschah in...

Zuhörer: Afghanistan.

SV: Nun..., ja, aber erst kürzlich, wisst Ihr, Ihr habt es in Südfrankreich gesehen, in Toulouse, ein Typ kommt einfach daher und erschießt unschuldige Menschen. Und auch da oben im Norden, in Norwegen, seht Ihr. Natürlich ist das etwas anderes.

* * *

Wie können wir unsere Pflicht erfüllen und gleichzeitig frei sein?

Shree Peetha Nilaya, Springen, Deutschland, 10. Februar 2012

Was meinst Du mit frei? Wenn Du Deine Pflicht erfüllst, *bist* Du frei. Wer bindet Dich? Man muss seine Pflicht erfüllen, weil das Dharma sehr wichtig ist. Das ist es, was helfen wird, der Moment, in dem Du Dein Dharma akzeptierst.

Schaut, das Dharma einer Familie, Männer oder Frauen, ist, sich um die Familie zu kümmern, und wirklich für die Familie zu sorgen. Da zu sein, den Kindern zuzuhören, für Ehefrau und Ehemann zu sorgen, wisst Ihr. Das ist das Dharma davon. Wenn Ihr bestimmte Lebensweisen angenommen habt, müsst Ihr das respektieren. Ihr müsst tun, was darin verlangt wird. Auf diese Weise wird es keinen Schmerz, kein Leiden geben. Das ist es, was Euch zu einer gewissen Freiheit führen wird. Also, Pflicht ist sehr wichtig, wenn Ihr sie in der richtigen Haltung erfüllt. Nicht indem Ihr Euch unter Druck setzt, sondern mit Respekt, und tut es mit Liebe und Fröhlichkeit. Dann werdet Ihr davon frei sein.

Das ist, was die Gita sagt, wisst Ihr, was Krishna sagte: „Tue deine Pflicht, aber übergib alles Mir." So, was immer Ihr tut, übergebt es, bietet es Ihm dar. Und hängt nicht an den Früchten Eures Handelns. Das ist ziemlich schwer, die meisten Leute tun es. Sie tun ihre Pflicht, aber sehr oft haben sie dem Ergebnis so viel Wichtigkeit beigefügt, dass kein Vertrauen darin ist. Damit kommt man wieder zum Punkt des Vertrauens.

● ● ●

Haben wir die Möglichkeit in unserem Leben zu wählen, oder ist auch das bereits vom Herrn vorherbestimmt?

Möhlin, Schweiz, 21. Juni 2011

Nun, seht, Gott gibt den Menschen immer eine gewisse Freiheit. Gott wird Euch nicht sagen, was Ihr essen sollt, nicht? Was Ihr heute kochen sollt. Das ist Eure freie Wahl.

So, es gibt bestimmte Dinge, die vom Herrn vorherbestimmt sind, wisst Ihr, die großen Dinge an sich, in Eurem Leben. Doch da sind bestimmte Dinge... in welchen Ihr eine gewisse Wahl habt. Seht, Gott stellt Euch zum Beispiel auf den spirituellen Pfad, aber es ist an *Euch* ihn zu gehen. Ihr müsst auch Euer Bestes leisten, Seine Gnade zu erlangen. Aber Er stellt Euch auf den Pfad. Er ist der Handelnde von allem!

Zum Beispiel, wenn Ihr hungrig seid, Ihr setzt Euch hin und sagt: „Ich bin hungrig, ich bin hungrig, ich bin hungrig"- wird das Essen zu Euch kommen? Nein, das Essen wird nicht zu Euch kommen. Das Gleiche, wenn Ihr Euch einfach hinsetzt und sagt: „Ich bin durstig, ich bin durstig, ich bin durstig." Es wird nicht zu Euch kommen, Ihr müsst eine gewisse Anstrengung machen. Und das ist eine Wahl. Entweder bemüht Ihr Euch und beendet den Durst, oder sitzt und sagt: „Ich bin durstig, ich bin durstig, ich bin durstig." Dann werdet Ihr ‚durstig' sterben.

So, gleichzeitig ist Er das Höchste. Er ist der Handelnde von allem. Wie Tukaram stets sagte: „Wer bin ich, wenn Du jeden Teil von mir erobert hast? Wenn Du in mir wohnst, bist Du in jeder Handlung von mir. Es bist nur Du." Aber dies ist völlige Hingabe. Man realisiert das nur, wenn man dem Herrn völlig hingegeben ist. Dann erkennt man, was die Wahl ist, und was nicht die Wahl ist.

GÖTTLICHE NAMEN

Warum gibt es 108 Göttliche Namen, und nicht 115 oder eine andere Anzahl?

Split, Kroatien, 19. September 2011

SV: Wer kann es mir sagen?

Zuhörer: Eins und acht gibt neun. Neun ist heilig.

SV: Warum ist neun heilig? Wie könnt Ihr wissen, dass neun eine heilige Zahl ist?

Zuhörer: Vielleicht wegen der Dauer der Schwangerschaft.

[SV & Zuhörer lachen]

SV: Nun, manche kommen nach acht Monaten. Ich wurde nach sieben Monaten geboren.

Zuhörer: Nach der neun kommen bloß Kombinationen der anderen Ziffern.

SV: Das ist es. Neun ist eine umfassende Zahl. Sie ist eine Zahl, die - was immer man ihr hinzufügt - stets wieder zu neun wird, das heißt, das Ultimative, die Unendlichkeit.

Deshalb gibt es die 108. Aber natürlich gibt es auch viele andere

Bedeutungen. Weil sie eine vollkommene Zahl ist. Und wie er sagte, ist die Zahl neun die Zahl, die die Dreieinigkeit symbolisiert. Deshalb wird sie als eine sehr besondere Zahl angesehen. Aber da ist auch, wie bei der Göttlichen Mutter, die 1000, oder 100, welche für das Höchste stehen. Und Eins, welches Gott Selbst ist.

* * *

Besteht ein Unterschied in der Wirkung, wenn wir verschiedene Namen Gottes singen, wie zum Beispiel Om Namo Narayanaya, Krishna oder Rama?

Edinburgh, Schottland, 6. Mai 2012

Nun, da besteht kein Unterschied, solange Ihr sie mit Liebe singt und praktiziert. Alle Namen Gottes stehen für Ihn. Er hat tausende Namen, tausende Formen. Wisst Ihr, wenn Ihr Euch danach fühlt, einen der Namen zu singen, dann fühlt es mit Eurem Herzen und singt.

Aber der beste Weg ist, *einen* Namen zu wählen, ihn zu singen und bei *einem* zu bleiben. Warum? Wenn Ihr Euch konzentriert und *einen* Namen singt, dann baut Ihr die Energie dieses Namens auf, und das wird kraftvoller, als zehn Namen zu singen. Natürlich stehen alle Namen Gottes für Gott, aber die Schwingungen, die sie aussenden, sind manchmal unterschiedlich. Wenn Ihr aber einen Namen auswählt, und Euch auf diesen konzentriert, werdet Ihr seine Energie und seine Schwingung aufbauen.

* * *

Was bedeutet ´Ishwara`?

Shree Peetha Nilaya, Springen, Deutschland, 6. Januar 2012

´Ishwara` bedeutet - lasst mich Euch diese Frage stellen. ´Ishwara` bedeutet? Eh? ´Ishwara`. Wer ist ´Ishwara`? ´Ishwara` bedeutet Gott, der Höchste. Der Allmächtige.

●　●　●

Adishakti, Parashakti, Mahashakti? Bitte erkläre uns das.

Shree Peetha Nilaya, Springen, Deutschland, 6. Januar 2012

[An die Zuhörer] Was ist Adishakti? Bitte? Adishakti? Was ist Adishakti? He?

Die Fülle - ‚*Adi*‘. ‚*Adi*‘ hat zwei Bedeutungen. Man hat ‚die Fülle‘ oder ‚halb‘. Aber hier bedeutet ‚*Adishakti*‘ ‚das Runde‘, ‚die Fülle‘. ‚*Parashakti*‘ bedeutet ‚die große Shakti‘ und ‚*Mahashakti*‘ bedeutet ‚die höchste Shakti‘.

Erleuchtung

Wie können wir herausfinden, wer wir sind und Selbstverwirklichung erlangen?

Edinburgh, Schottland, 6. Mai 2012

SV: Übt.

[Zuhörer lachen]

SV: Übt und liebt.

●   ●   ●

Was ist Selbstverwirklichung?

Edinburgh, Schottland, 6. Mai 2012

SV: Wir reden jedes Mal über Selbstverwirklichung, nicht wahr? Sagt mir, was versteht Ihr unter Selbstverwirklichung? Ihr alle.

Zuhörer: Wo man sich mit dem Herrn verbindet?

SV: Wo man sich mit dem Herrn verbindet? Bitteschön.

Zuhörer: Zu verwirklichen, wer man ist.

SV: Selbstverwirklichung *ist* Gott-Verwirklichung. Dort hinten, bitte sag mir, woran denkst Du bei ‚Selbstverwirklichung'.

Zuhörer: Gott jederzeit in sich realisieren.

SV: Mataji? Mit Deinen eigenen Worten. Es ist nicht so, dass Du nach den Worten suchen musst ..., was *Du* fühlst, was Du über Selbstverwirklichung denkst. Was bedeutet das für Dich?

Zuhörer: Die wahre Natur des Selbst zu verwirklichen.

Zuhörer: Das Ego verstehen.

SV: Nun, das ist auch Teil davon. Für Dich? Sag es mir.

Zuhörer: Mit einem Lächeln im Gesicht aufwachen.

SV: Ah! Schön. Was sehr oft fehlt [lacht]. Sehr gut. Mit einem Lächeln im Gesicht aufwachen.

             Das stimmt. Seht Ihr, heutzutage kostet ein Lächeln so viel, es ist so teuer, dass man es *kaum* in den Gesichtern der Menschen sieht. Besonders wenn man in die Stadt geht. Für sie ist es viel zu teuer.Für Euch?

Zuhörer: Für mich ist es einfach eine Art, bewusst zu sein. Es ist wirklich schwer, das zu beschreiben, wenn es im Grunde nur das ist, von dem jeder die ganze Zeit redet. Wenn man Gott einen Platz in sich finden lässt, dann kann man es recht einfach fühlen – öffne dich, um weiter zu werden, und wenn es in dich eingeht, enthält es alles: Freude und Glück, diese Sachen halt. Aber es ist schwierig zu erklären, wie es sich anfühlt. Es ist etwas, dass man einfach in sich fühlt. Das ist alles, was ich im Moment dazu zu sagen habe.

SV: Das ist gut. Schauen wir mal, wie es ist. Prabhu, Du?

Zuhörer: Es ist ein Verschmelzen des eigenen Gott-Bewusstseins, der eigenen Seele. Selbstverwirklichung. Für die scheinbar viele, viele Leben nötig sind [lacht]. Auch wenn Du sagst, ... einige große Gurus sagen, dass man es sofort vollbringen könne.

SV: Es sind nicht viele Leben nötig.

[Zuhörer lachen]

SV: Mataji? Sag mir, sag uns, bitte.

Zuhörer: Eine direkte Verbindung mit Gott und jederzeit wissen, was für einen richtig ist. Und einfach das Leben leben und sich erleichtert fühlen.

SV: Gebt das Mikro den Matajis.

Zuhörer: Kann ich russisch sprechen?

SV: Russisch? Ich verstehe kein Russisch. Übersetze. Licht auszustrahlen?

Zuhörer: Und Liebe zu sein.

SV: Liebe zu sein. Trennung von ‚Liebe‘ zu sein. Denn ‚Liebe zu sein‘ ist etwas von Dir Getrenntes. Vielmehr Liebe zu *werden*. Du! Sag mir.

Zuhörer: Es ist wie, wenn man richtig gut schläft, aber man erinnert sich nicht ans Träumen. Es ist einfach sehr friedvoll.

SV: Das ist nicht, wie es ist.

[Zuhörer lachen]

Zuhörer: Glücklich zu sein. Es ist nicht einfach nur eine Realisation, sondern es ist ein Akzeptieren, dass ich Gott *bin*, und Gott *ist* ich. Und *alles*, das mich umgibt, *ist* Gott. Und ich bin mit allem verbunden.

SV: Mataji, neben Dir. Sie ist verlegen, dass ich sie aufrufe. Sie sucht nach Worten. Sie hat Dich gefragt, nicht wahr?

[Zuhörer lachen]

Zuhörer: Oh, ich weiß nicht. Hm, einfach alles annehmen, einfach akzeptieren, wer man ist. Es ist Liebe. Zufrieden sein, glücklich sein, egal was passiert.

SV: Sehr gut.

Seht, wir haben über Atma Kriya gesprochen, nicht wahr? Bewusstheit in der Handlung. Selbstverwirklichung *ist* im Grunde dieses Bewusstsein des Gott-Bewusstseins. Und alles, was Ihr gesagt habt, *ist* Selbstverwirklichung, denn, schaut, jeder wird Es auf eine andere Art erfahren. Nicht wie irgend ein anderer. Das Göttliche wird Sich Selbst manifestieren: *Aham Brahma Asmi*, wisst Ihr. Es wird sich unterschiedlich offenbaren, je nachdem wie man Ihn versteht.

Das Selbst *ist* das Atma an sich. Und das Atma ist Teil des Paramatma. Es ist ewig frei. Ewig befreit. Ihr müsst nur das Bewusstsein davon haben. Und das nennt man Selbstverwirklichung. Sich des Bewusstseins Gottes in sich bewusst zu sein. Der Liebe Gottes in sich bewusst zu sein, damit Du so lieben kannst, wie Gott liebt. Und das ist das Ziel davon. Und das ist leicht; man kann das in einem Leben erreichen, man muss nicht viele Leben warten. Es ist nur aufgrund der vielen Urteile ringsherum, dass Du nicht so liebst, wie Er liebt.

Und sehr oft wird man es in der *Einfachheit* des Lebens finden, nicht in den großen, bedeutenden Dingen. Je einfacher man ist, desto *leichter* ist es. Je komplizierter man ist, um so schwieriger wird es [lacht]. Deshalb heißt es: „Selig sind die Armen im Geiste, denn sie werden Gott sehen." Ihr kennt das, nicht? Es ist wahr.

● ● ●

Sind es sieben Stufen bis Moksha oder nur eine?

Möhlin, Schweiz, 21. Juni 2011

SV: Ich stelle Euch die Frage. Wie viele Stufen sind es bis zur Befreiung? Sieben? Oder eine? Wieviele sagen sieben?

Niemand? Nicht mal die Person, die die Frage geschrieben hat?

[Zuhörer lachen]

SV: Nun, ich denke mal, dann sagen alle eine. Ja oder nein?

Zuhörer: Ja.

Zuhörer: Paramahansa Yogananda hat ein Buch geschrieben, ´Sieben Stufen zur Verwirklichung`. Ich habe es nicht gelesen, ich stelle einfach die Frage.

SV: Nun, es gibt *viele* Stufen. Denn es gibt viele

Wegeversteht Ihr? Aber alle Wege, alle Stufen weisen nur auf eine Sache, die man tun muss: sich *hingeben*. Denn wenn man nicht hingegeben ist, wird man die Befreiung nicht erlangen. Hingabe ist das Erwecken dieser reinen Liebe in sich. Liebe einfach und liebe, nichts sonst. Es gibt also viele Stufen, und gleichzeitig ist da nur ein Schritt, den man tun muss. Sich einfach hingeben.

Ich habe Euch die Geschichte von Draupadi erzählt, wie sie sich Krishna ergab. Genauso ist es, wenn Ihr die Leben aller großen Persönlichkeiten nehmt; Ihr werdet sehen, dass sie so voller Hingabe an das Göttliche waren, dass das Göttliche durch sie hindurch leuchtete.

Nehmt zum Beispiel die Lebensgeschichte von Gajaraj – ein riesiger, großer Elefant. Er selbst war sehr mächtig. Als er zum Fluss ging, um Wasser zu trinken, gerieten seine Beine in die Fänge eines Krokodils. Das Krokodil zog ihn tiefer und tiefer; niemand konnte ihm helfen. So wandte er sich an Narayana und rief: „Narayana, komm!" Im selben Augenblick erschien der Herr, um ihn daraus zu befreien. So ist es, wenn man Gott hingegeben ist. Der Herr wird immer Hilfe schicken, um Seinen Verehrer zu retten. Ihr müsst nur diesen einen Schritt machen: Euch hingeben.

Nun wird die Frage aufkommen: „Was hingegeben?" Alles. Alles, was Ihr mit Eurem Verstand wahrnehmen könnt – gebt es dem Herrn hin. Körper, Verstand und Geist – es ist nur Er. Seht, wenn man ein Yogi wird, dann erkennt man das natürlich. Man weiß, dass Gott in einem wohnt – Man ist ein Teil Gottes, nicht wahr? Der Verstand weiß davon. Man kann viel darüber reden! Aber wenn man es realisiert, ist es vollkommen anders. Man spricht nicht viel darüber.

Deshalb heißt es, ein Gefäß, das voll ist, macht nicht viel Lärm. Aber ein Gefäß, das leer ist, macht jede Menge Krach. Swami Shivananda sagte immer: „Derjenige, der sich hingegeben hat, bleibt still. Derjenige, der nicht hingegeben ist, wird bellen wie ein Hund."

●　●　●

Was ist vollkommene Selbstverwirklichung?

Shree Peetha Nilaya, Springen, Deutschland, 10. Februar 2012

[lachend]

Wenn die Verwirklichung tiefer fortschreitet, wird sie zur vollständigen Verwirklichung. Was ist nun also der Unterschied zwischen Selbstverwirklichung und vollständiger Selbstverwirklichung? Da muss ich gerade etwas nachdenken. Eh? Erzählt mir. Bitte, bitte, seid nicht so schüchtern, sagt es mir. Das ist eine sehr hoch entwickelte Frage für mich.

Was ist vollständige Selbstverwirklichung und was ist Selbstverwirklichung? Denn von meinem Standpunkt aus, hast Du, in dem Moment, in dem Du selbstverwirklicht bist, das Ziel des Lebens erreicht. Aber was ist diese vollkommene Selbstverwirklichung? Mataji, mach weiter, hahaha, Du lachst. Mataji, hier, erzähl uns mehr. Nein? Wir wollen auch so lachen, wie Du lachst. Na los, sag es. *[lachend]* Erzählst Du's mir?

Ein Jivan Mukti ist bereits vollkommen hingegeben. Und was ist Param Mukti? Es gibt da einen Unterschied. Nennt mir den Unterschied. Was ist der Jivan Mukti? Es gibt einen Unterschied zwischen diesen beiden, zwischen einem Jivan Mukti und einem Param Mukti. Ein Jivan Mukti ist, auch wenn er vollständig verwirklicht ist, immer noch an Karma gebunden, wenn er wieder einen Körper annimmt. Wohingegen man als ein Param Mukti ewig frei ist. Nichts kann ihm etwas anhaben. Er ist nicht an karmische Dinge gebunden. Das ist der Unterschied. Selbst Leben für Leben – in dem Moment, in dem er geboren wird, hat er keinerlei Karma. Aber was macht er? Er übernimmt karmische Dinge von anderen Menschen und brennt sie aus.

Dies ist der Unterschied zwischen einem Jivan Mukti und einem Param Mukti. Das ist es wahrscheinlich, was die Person meinte mit Selbstverwirklichung und *vollständiger* Selbstverwirklichung.

●　●　●

Gibt es einen Unterschied zwischen Erleuchtung und Selbstverwirklichung?

Shree Peetha Nilaya, Springen, Deutschland, 10. Februar 2012

Im Grunde ist es dasselbe. Der Unterschied ist, dass das Wort anders ist.

●　●　●

Wofür steht das Wort ‚Erleuchtung'?

Shree Peetha Nilaya, Springen, Deutschland, 10. Februar 2012

Sagt mir, was ist Erleuchtung? Verwirklicht zu sein. [*lachend*]

Zum Leuchten gebracht zu werden, bing! Hahaha. Und was ist Selbstverwirklichung? Eh? Verwirklicht zu sein. [*lachend*]

Also, Erleuchtung ist...; im Wort selbst kann man es hören: „Erleucht-ung". In das Licht eingehen. [*Swami Vishwananda erklärt den Vorgang der Erleuchtung anhand des englischen Wortes „enlightenment" - „en-light-en-ment". Man kann es wie folgt ins Deutsche übertragen: Er-leucht-ung - Ins-Licht-eingehen. Anmerkung des Übersetzers*] Und Selbstverwirklichung bedeutet, dass man „das Licht ist". Das ist der einzige Unterschied. Es ist also dasselbe.

● ● ●

Kannst Du uns den Weg erklären, um Moksha zu erlangen.

Belgrad, Serbien, 22. September 2011

Das ist schwierig, nicht? Ist es? Prabhu, was ist der Weg, um Moksha zu erlangen?

Zuhörer: Moksha geht mit Bhakti einher. Wenn man also Bhakti entwickelt, wird dies anschließend Moksha erschaffen. Man braucht das also auch.

Ihr möchtet Moksha erlangen? Dann entwickelt Bhakti, wie es Prabhu gesagt hat. Gebt Euch selbst hin. Wie ich vorhin bereits sagte, das Ziel des Menschen ist es, den Herrn zu erreichen. Und dies könnt Ihr *nur* durch Hingabe tun. Ihr könnt Seine Gnade erlangen aufgrund dessen, wie sehr Ihr Ihm ergeben seid. Dann werdet Ihr erkennen, dass Er Euch viel mehr ergeben ist, als Ihr Ihm. Dann wird sich die Frage nach Moksha nicht mehr stellen, denn Ihr habt Ihn erreicht!

Würdet Ihr nach dem Licht suchen, wenn Ihr im Licht steht? Nein, Ihr werdet leuchten! Ihr werdet nicht nach dem Licht suchen. Wenn Ihr Ihn also erreicht habt, was bleibt da noch zu suchen? Dann werdet Ihr erkennen, dass Euer Selbst einzig Er ist. Davor ward Ihr weit von Ihm entfernt. Wenn Ihr das Selbst verwirklicht, seid Ihr Ihm näher.

Es ist genauso wie, wenn Ihr in der Dunkelheit seid und wenn Ihr im Licht seid. Wenn Ihr vollständig in der Außenwelt seid, mit all den Sorgen und all diesem Kram, dann seid Ihr vollständig in der Dunkelheit. Aber die Dunkelheit gibt Euch nicht die Freude. Und je mehr Ihr Euch dem Licht nähert, desto mehr beginnt Ihr zu leuchten.

Und dieser Weg,… alle Religionen führen dorthin, es ist derselbe Weg, seht Ihr, alle Religionen lehren das, ja, Ihr müsst Gott erreichen, und Ihr müsst diese Hingabe entwickeln. Und wenn da kein Bhakti ist, wenn da keine Hingabe ist, wird es schwierig. Jemand sagte: „Ja, ich kann es selbst machen, alleine." Ohne auf die Gnade Gottes zu hoffen, ohne auf die *Hilfe* des Göttlichen zu hoffen, ist es sehr schwer. Der Stolz wird zunehmen, und wenn Stolz zunimmt, sieht man nur noch den Stolz - mehr nicht. Und der eigene Verstand wird so eng, dass man das Göttliche nicht mehr sieht.

Was geschieht, wenn jemand erleuchtet ist?

Belgrad, Serbien, 22. September 2011

SV: Ah, das ist eine schöne Frage.

Sag es mir! Prabhu, was passiert mit jemandem, wenn er erleuchtet wird? Das ist schön, denn viele Menschen denken ständig daran – erleuchtet zu sein.

Ich bin sicher, Du hast eine Vorstellung, nicht ? Was ist Erleuchtung? Bitte teile es mit mir. Was ist das? Was passiert mit dieser Person?

Zuhörer: Voller Licht.

SV: Voller Licht.

Zuhörer: Voller Liebe.

SV: Voller Liebe oder Licht?

Zuhörer: Licht, Licht.

Zuhörer: Und auch Liebe!

Zuhörer: Leben!

SV: Voller Leben! Licht, Leben, ... haha.

Zuhörer: Liebe.

SV: Liebe.

Zuhörer: Vielleicht ist man sich dann ständig der Gegenwart Gottes in allem bewusst.

SV: Ja, aber die Frage lautet, was passiert mit dieser Person.

bestimmten Ebene, von der man nicht mehr fallen kann. Du wirst ein Jiva Mukti. Auf dieser Ebene kannst Du nicht fallen. Dort bist Du ewig frei. Dann kannst Du entweder kommen, oder in das Göttliche eingehen. Oder Du kannst Ihm dienen, vollkommen, das gesamte Leben. Du kannst auf verschiedene Seiner Lokas gehen und Ihm dienen.

* * *

Gibt es eine Schnellstraße zur Selbstverwirklichung indem man Brahmachari wird?

Shree Peetha Nilaya, Springen, Deutschland, 6. Januar 2012

Nein.

* * *

Die Frage geht weiter: Oder hängt das von jeder Seele ab? Wie kann ich das herausfinden?

Nun, jeder will Selbstverwirklichung sehr schnell erlangen. Zunächst muss man wissen, wonach man sucht. Was ist Selbstverwirklichung? Sagt es mir? Jeder redet von Selbstverwirklichung. Was ist das? Ja?

Zuhörer:	Wenn kein Karma mehr da ist. Gott in sich selbst verwirklichen. Verstehen, wer wir sind.
Zuhörer:	Gott im Körper verwirklichen.
SV:	Das hast Du gerade gesagt.
Zuhörer:	Vollständig seine Identität verlieren?
SV:	Wie machst Du das?

Zuhörer: Durch verschmelzen.

SV: Wie verschmilzt Du?

Zuhörer: Wenn ich es wüsste, würde ich nicht fragen.

SV: Aber wenn Du mit dem Höchsten verschmilzt, wie willst Du dann Dein Selbst verwirklichen?

Zuhörer: Es gibt dann kein Selbst mehr.

SV: Was ist nun also Selbstverwirklichung?

Zuhörer: Erkennen, dass es kein Selbst gibt.

Zuhörer: Sein Atma kennen.

Zuhörer: Zu erkennen, dass die Person, die die Frage stellt und diejenige, die die Frage beantwortet, dieselbe ist.

SV: Sehr vorwitzige Antwort. Bitte, erzähl mir mehr.

Zuhörer: Zu erkennen, wer man wirklich ist, trotz der Illusion von Maya. Erkennen, dass man wahrhaftig das Licht ist, erkennen, dass man ein Mitschöpfer zusammen mit dem Schöpfer ist.

SV: Was ist der Schöpfer? Wer ist der Schöpfer?

Zuhörer: Der, Der alles, was es gibt, erschafft.

SV: Warum musst Du dann der Mitschöpfer sein?

Zuhörer: Ich kann auch nur der Schöpfer sein. Das ist die ganze Verwirklichung, dass man in jedem Moment im Leben erkennt, dass man der Erschaffer seiner eigenen Existenz ist.

SV: Jaaa, aber auch wenn Du Dich als Eins [*mit dem*

Schöpfer] identifizierst, gibt es immer noch einen gewissen Unterschied, nicht wahr? Sagt mir. Ihr alle macht wichtige Yogas, sagt mir. Was ist Selbstverwirklichung?

Zuhörer: Wie können wir das wissen, wenn wir noch nicht verwirklicht sind?

SV: Ahhh! Nein, aber das ist fein. Ich möchte das wirklich gern verstehen. Ich weiß, ich habe die Frage an Euch zurückgegeben. Ich *weiß* darüber Bescheid. Ich wollte nur nachvollziehen, was Ihr alle über Selbstverwirklichung denkt. Ihr habt viele Bücher gelesen – schöne, sehr schöne Bücher, nicht wahr? Ich habe auch viele Male darüber gesprochen. Was versteht Ihr darunter?

Zuhörer: Man hat sich wieder verbunden, vollständig, und man ist mit dem Universum verbunden. Und man ist allwissend und allgegenwärtig.

SV: Mmm... ja?

Zuhörer: Dass wir eigentlich eins sind mit Gott. Das ist Selbstverwirklichung, dass wir mit Gott eins sind.

Zuhörer: Das Selbst erfahren.

SV: Das habe ich verstanden. Das ist dieselbe Antwort.

Zuhörer: Alles zu transformieren – Gutes, Schlechtes, alles?

Zuhörer: Wir können das unmöglich wissen. Es ist nicht möglich, solange wir das nicht erfahren haben und das Bewusstsein aufrechterhalten. Wir sprechen hier von etwas, dass man erfahren muss.

SV: Richtig. Sag' es laut.

Zuhörer: Wir können das unmöglich wissen, denn wir haben
               es nicht erfahren. Denn da sind so viele spirituelle
               Erlebnisse, die wir sogar jetzt haben, dass wir nicht
               wissen, wie wir sie wahrnehmen sollen. Alles, was wir
               also machen können, ist eine Konstruktion über den
               Verstand, was es ist. Wie können wir mit unserem
               begrenzten Verstand etwas über einen unbegrenzten
               Bewusstseinszustand wissen? Alles, was wir also
               bieten können ist das, was uns die Bücher als einen
               möglichen Schritt vorwärts aufzeigen können, aber
               solange wir das nicht innerlich erfahren, werden
               wir es nie wirklich wissen. Wir können nicht wissen,
               was es ist. Wie, wenn Swami uns eine spirituelle
               Erfahrung gibt – uns erlaubt - eine spirituelle
               Erfahrung zu haben, dann verstehen wir es, weil wir
               es innerlich fühlen. Aber wenn wir nur vom Verstand
               aus über Selbstverwirklichung reden, ist es nur ein
               gedankliches Konstrukt.

SV: Sehr gut.

               Es stimmt. Viele Menschen reden über
               Selbstverwirklichung, aber sie wissen noch
               nicht einmal, was das Selbst ist. Wie soll dann
               Verwirklichung kommen? Es sind zwei Worte, nicht
               wahr? *Selbst* und *Verwirklichung*. *Selbstverwirklichung*.
               Zunächst muss man wirklich wissen, was es ist. Und
               um zu *wissen*, was es ist, muss man, wie Mataji gesagt
               hat, es erfahren, richtig?

Um es aber zu erfahren, ist da ein Hindernis in Dir, und das ist der Verstand. Und solange der Verstand aktiv ist, solange es diese Identifikation in Richtung Verstand gibt, wird sich das Selbst nicht offenbaren. Wie willst Du es also realisieren? Was musst Du tun?

Zuhörer: Bring den Verstand zum Schweigen. Atma Kriya?

SV: Lerne, den Geist zu *beruhigen.*

Das Selbst ist immer verwirklicht. Es ist Teil des Göttlichen. Kann das Göttliche nicht verwirklicht sein? Eh? Aber was passiert, wenn jemand erweckt wird, oder den Zustand der Verwirklichung erlangt? Natürlich erfährt man all das, was Ihr gerade gesagt habt. Verwirklichen der Einheit mit Gott, eins mit Gott werden, was auch immer.

Aber in diesem Moment, wie Ihr vorhin gesagt habt, wird kein Karma erschaffen. Es gibt keine Entfernung zwischen dem Schöpfer und Seiner Schöpfung. Da ist nicht mal eine einzige Abspaltung. Ihr findet es nicht außen, Ihr findet es innen.

Aber dafür müsst Ihr Euren Verstand ruhig werden lassen. Deshalb heißt es, dass man ihn im Außen auf das Göttliche fokussieren soll, fokussiert ihn auf eine Form, die bereits eins ist mit dem Göttlichen. *Nur* dann könnt Ihr Ihn erreichen. Aber wenn Ihr etwas nachrennt, das Ihr nicht kennt – wohin rennt Ihr dann? Lernt also, den Verstand zu beruhigen. Verwirklichung kommt später.

Das ist das erste, was Ihr tun müsst! Ihr redet von etwas, was Ihr nicht einmal... Natürlich, wenn man verwirklicht ist, spricht man nicht darüber. Es gibt keinen Grund, darüber zu reden. Denn alles Reden... Jemand, der über Selbstverwirklichung spricht, der sie bis ins Detail erklären kann, hat sie noch nicht erreicht, denn es ist immer noch im Verstand. Denn diesen Zustand kann der Verstand nicht begreifen. Es ist zu kompliziert für den Verstand. Man wird verrückt. Ich spreche nicht von Eurem Gehirn – Euer Verstand wird verrückt werden.

Machen wir weiter.

Für die Selbstverwirklichung muss man kein Brahmachari werden. Denkt nicht, dass sie mehr sind,... wie heißt es... Es ist für Jedermann, sogar für jemanden in der äußeren Welt, versteht Ihr? Das ist nicht nur auf Brahmacharis beschränkt, oder so. Es gibt viele Brahmacharis, die von sich sagen, dass sie es sind, aber deren Verstand noch so sehr in der Außenwelt ist. Da sind so viele Menschen da draußen, deren Geist mehr auf das Göttliche fokussiert ist. Es ist eine Wahl, versteht Ihr? Wenn Ihr auf eine bestimmte Weise leben wollt, hängt das von Euch ab.

„Wie *kann* ich das *herausfinden*?" Was willst Du herausfinden? Wie Du Dein Leben leben willst? Nun, was *fühlst* Du. Schau, wie Du Dich fühlst.

• • •

KARMA

Wie ist es möglich, dass wir selbst im Augenblick
Karma erschaffen und es auch leben?

Split, Kroatien, 19. September 2011

Da ist es, was ich gestern gesagt habe - die Wahl. Hier kommt die
Wahlmöglichkeit. Denn man hat immer die Wahl, ob man etwas
entweder auf korrekte Weise tun möchte, oder nicht. Aber oft
machen es Menschen andersherum, denn das ist das Ding zwischen
den Devas und Menschen. Die Devas haben keine Wahl. Deshalb
können sie kein Karma erschaffen, deshalb sind sie Devas!

Aber Menschen erschaffen immer, und zur gleichen Zeit bringt sie
die Lebensbestimmung, was wir Karma nennen, in eine bestimmte
Situation, aber die Wahl ist an ihnen, ob sie von der Situation lernen
und sich vorwärts bewegen, oder ob sie in dieser Situation stecken
bleiben – da fangen sie dann an, zu erschaffen. Denn jede Situation
ist auch für Euer Lernen da. Ihr könnt es beenden, oder Ihr könnt
weitermachen. Die Wahl liegt bei Euch. Ihr habt eine Wahl.

• • •

Ist es egoistisch, Gott zu dienen, nicht nur weil ich Ihm dienen will, sondern auch um meine karmische Verpflichtung zu bedienen, um ein paar Dinge für mich selbst zu bekommen? Wie in meinem Fall, ich möchte eine Familie, und ich fühle mich nicht danach, eine Nonne zu werden, und mein ganzes Leben Gott zu opfern. Ist das eigensüchtig? Was ist zu tun?

Split, Kroatien, 19. September 2011

Nun, es ist nicht eigensüchtig. Wie ich schon sagte, nicht jede kann eine Nonne werden. Nicht jeder kann ein Mönch werden, oder? Wenn man im Außen ein bestimmtes Karma zu beenden hat, dann wird das Leben selbst diese Erfahrung zu einem bringen, und man kann Gott dienen, wo immer man ist, wisst Ihr, es ist nicht so, dass man Gott nur im Kloster dienen kann. Nein, manche Menschen sollen im Kloster sein, um Gott zu dienen, aber andere Menschen, sie können Gott in ihrem täglichen Leben dienen. Wie weiß man ob man Gott dient? Es ist eine bestimmte Haltung, wie man die Dinge anpackt. Und wenn man Menschen draußen hilft, hilft man Gott Selbst.

Einst kam jemand zu einem Heiligen und sagte: „Lieber Heiliger, ich würde liebend gerne Gott dienen. " Dieselbe Frage. Der Heilige sah ihn an und sagte: „Mein Lieber, liebe die Menschen, und diene den Menschen, und wisse, dass Gott in jedem wohnt. So, indem Ihr den Menschen dient, indem Ihr den Menschen helft, indem Ihr die Menschen liebt, werdet Ihr Gott dienen und lieben."

Weil Gott, ... Ihr kennt Ihn nicht. Ihr wisst, ja, okay, Gott ist

Krishna, Gott ist Jesus, aber Gott ist auch in jedem. Er ist die Seele aller Seelen. Das ist es, was die Gita sagt, oder? „Ich bin in diesen Aspekt eines Mannes eingehüllt und die Menschen denken, ich sei nur das, was sie sehen, aber in Wirklichkeit bin ich der Höchste, der in jedem und allem wohnt. Alles wurde aus Mir erschaffen, und Ich bin alles."

Wenn Ihr dient und wisst, dass Ihr Gott dient – man fühlt es – dann kommt Gott auf diese Weise zu Euch. Also manchmal können Menschen in der Welt sein und ein Familienleben haben – sie sind Gott näher als jemand, der im Kloster sitzt.

● ● ●

Gibt es Zufälle?

Split, Kroatien, 19. September 2011

Nein. Auch wenn es ein Zufall zu sein scheint, es gibt keinen Zufall.

Ihr seid hier, weil es nötig ist, dass Ihr hier seid. Ihr könntet nicht *nicht* hier sein. Auch wenn Ihr nicht hier sein wolltet, Ihr seid hier. Einige Leute wären liebend gerne hier, aber sie sind nicht hier! Also, welche Art von Zufall ist das? [*Lachen*]

Es ist kein Zufall. Jetzt könnt Ihr Zufall dazu sagen, aber wenn Ihr spirituell wachst, werdet Ihr sehen, dass alles am richtigen Platz ist, so wie es ist. Alles muss sein, wie es sein muss.

● ● ●

Ich verstehe, dass ein Meister das Karma von jemand nehmen kann, aber was ist mit den Menschen, die nicht selbstverwirklicht sind?

Möhlin, Schweiz, 21. Juni 2012

Sie können es nicht.

Die Frage geht weiter: Kann die Mutter das Karma ihres leidenden Kindes übernehmen?

Nun, seht, alles Leiden kommt von persönlichen karmischen Dingen. Durch das man durchgehen muss.

Natürlich kann ein Meister das Leiden auf sich nehmen. Der Meister kann es transzendieren, oder der Meister kann es auch erleiden. Aber eine Mutter kann nicht das Leiden eines leidenden Kindes auf sich nehmen, weil das Kind durch dieses Leiden hindurchgehen muss. Ebenso muss jeder seine eigenen karmischen Wege zu Ende gehen, versteht Ihr? Manchmal ist es hart, manchmal ist es nicht so hart.

●　●　●

Wie denkst Du über Organspende?

Möhlin, Schweiz, 21. Juni 2012

Nun, wenn die Person die Organe aus freiem Willen heraus gibt, aus einem glücklichen Gemütszustand heraus, um das Leben von jemandem zu retten, den diese Person liebt, oder von jemand anderem, ist es gut. Es ist immer gut, zu helfen, auf jede Weise. Aber gleichzeitig muss man wissen, dass man, falls man die empfangende Person ist, auch bestimmte karmische Dinge mit erhält, die daran gebunden sind. Wenn man ein Organ von jemandem hat, der spirituell fortgeschritten ist, ist es gut.

[Zuhörer lachen]

Zuhörer: Ich möchte nur fragen, wenn jemand stirbt, und man alle seine Organe herausnimmt und in jemand anderen tut, dann...?

Nun, wenn es *gegen* den Willen der Person gemacht wird, ist es falsch. Dann stiehlst du. Wohingegen, wenn man es mit dem Einverständnis der Person macht – wisst Ihr, einige Menschen, die ich kenne, sagen, dass sie gerne hätten, dass ihr Körper, wenn sie sterben, der Wissenschaft gegeben wird, oder, sagen wir, für Organtransplantation hergegeben wird.

Ihr müsst sehen, dass so etwas nicht nur jetzt vorkommt. Auch in alten Zeiten haben die Menschen ihren Körper hergegeben, weil es nur ein Körper ist, nichts sonst. Er ist Staub, der zu Staub werden wird. So haben sie den Körper zum Studium des Körpers hergegeben, zu jener Zeit. Aber es muss aus eigenem Willen heraus geschehen, aus eigener Bereitschaft.

Es gab einmal diese japanische Dame, die eine Augentransplantation hatte. Doch sie wusste nicht, von wem sie diese Augen bekommen hatte. Sie konnte so schön sehen. Aber nach einiger Zeit begann sie, Geister zu sehen, sie fing an Gespenster, all dies, zu sehen. Das beunruhigte sie so sehr, und sie begann zu suchen. Dann fand sie heraus, dass diese Dame, von der sie die Augen hatte, aus einem Dorf war. Sie war auf aggressive Weise umgebracht worden. Und dass sie diese Information, oder wie immer man das nennen will, in sich trug, durch die Augen. So konnte sie die Tote sehen. Wisst Ihr, wenn jemand gestorben ist, wie die Person sterben wird, all das, beunruhigte sie so sehr, weil sie nichts ändern konnte. Das machte sie so verrückt, und schließlich nahm sie sich die Augen selbst heraus.

Es hat immer eine Auswirkung, wisst Ihr, wenn man es einfach so annimmt.

● ● ●

Wenn wir für jemanden beten, übernehmen wir dann dessen Karma?

Shree Peetha Nilaya, Springen, Deutschland, 6.Januar 2012

Nein, Ihr könnt nicht das Karma von jemand anderem übernehmen. Ihr könnt nicht einmal Euer eigenes Karma abarbeiten, warum wolltet Ihr anderes Karma übernehmen?

Nur ein Satguru kann Karma nehmen. Selbst das tun sie nicht oft. Sie machen es nur, wenn es nötig ist. Schaut Euch Jesus an, Er nahm so viele Dinge auf Sich. Wisst Ihr, so kann es nur ein Satguru machen.

Ein Satguru ist nicht durch das Gesetzt des Karmas gebunden. Da ist kein Karma in irgendetwas, sie sind davon frei. Also können sie das Karma manipulieren und es transformieren und ändern für andere , wenn sie es wollen.

● ● ●

Wenn wir Kosmetika mit Fisch-Kollagen verwenden, wird das negatives Karma erschaffen, so als würden wir Fisch essen?

Shree Peetha Nilaya, Springen, Deutschland, 6. Januar 2012

Natürlich, weil Ihr zum Töten beitragt. Wenn Ihr zum Töten beitragt, nehmt Ihr auch an der Erschaffung des Karmas davon teil. Es ist normal.

* * *

Wie kann ich meinen Fehler wiedergutmachen, den ich jemandem angetan habe?

Edinburgh, Schottland, 6. Mai 2012

Nun, geh' und bitte diese Person um Vergebung, wenn Du Dich deswegen schlecht fühlst.

* * *

MEISTER

Gibt es einen Konflikt zwischen dem Wort des Gurus und dem, was Menschen als Wahrheit in ihrem Herzen wahrnehmen? Was sollte Priorität haben?

Edinburgh, Schottland, 6. Mai 2012

Tatsächlich ist das eine sehr, sehr, sehr wichtige Frage, eine sehr interessante Frage. Sehr oft gehen die Leute zum Meister und sagen: „Oh, Guruji, wir haben dich im Innern *dies und dies und jenes* sagen hören." Natürlich wird der Meister sagen, dass es entweder richtig ist, oder nicht. Aber wenn die Person dem Meister im Außen nicht zuhören kann, wie kann sie dann dem Meister im Innern zuhören? Versteht Ihr?

Also, das Beste hier in dieser Frage ist, vollkommen dem Wort des Meisters im Außen zuzuhören. Denn in diesem Zusammenhang, wenn der Lehrer gesagt hat: „Nein, es ist nicht so", und dennoch widersprecht Ihr dem Wort des Meisters und sagt: „Nein, ich *spüre* es, du hast in meinem Innern dies und dies und dies gesagt", und hier sagt der Meister: „Nein, ich habe das nicht gesagt", dann ist es Eure eigene Inszenierung. Ihr habt es Euch innerhalb des Verstandes inszeniert, und Ihr *wollt* das hören.

Wie ich bereits gesagt habe, Ihr stellt eine Frage, nur um Euren eigenen Ratschluss in dieser Sache zu *bestätigen*. Also, in diesem Zusammenhang ist es das Beste, solange - bis der Guru sagt: „Ja, du kannst jetzt auf dein inneres Selbst hören", bis dahin nur darauf zu hören, was der Meister auf der äußeren Seite sagt.

* * *

Wie können wir die innere Kommunikation mit dem Lehrer etablieren und vertiefen?

Satsang mit russischen Devotees,
Shree Peetha Nilaya, Springen, Deutschland, 6. März 2011

Das geht nur durch Stille. Ihr müsst zuerst lernen, auf die innere Stimme zu hören.

Wenn Ihr zum Lehrer im Innern Kontakt aufnehmen wollt, und wenn Ihr die Stimme des Lehrers in Euch hört, vertraut ihr. Und wenn Ihr nicht in der Lage seid, zu vertrauen, fragt den Lehrer, ob es so ist, oder nicht. Und wenn der Lehrer „nein" sagt, versucht nicht, ihn zu überzeugen, ja zu sagen. Ich hatte viele davon. Erst gestern sagte eine Dame: „Oh, weißt Du, ich habe gehört, wie Du das gesagt hast!" Ich sagte: „Habe ich nicht! Es ist Dein törichter Verstand!" Und sie sagte: „Nein, es ist so!" Was kann man da sagen? Wenn man dem äußeren Lehrer nicht zuhören kann, wie kann man dem inneren Lehrer zuhören? Ihr seht ganz klar, dass es nicht geht. Wenn das Innere spricht, hat es keinen Sinn, nicht hinzuhören. Außerdem ist es *so* stark , es wird Euch zum Wahnsinn treiben. Dann wisst Ihr, dass es echt ist.

Ich werde Euch eine Geschichte von Chandu Dakna erzählen. Seht, in Indien gibt es dieses Kastensystem. Sogar bis heute wird es befolgt, obwohl es immer weniger wird, und das ist eine gute Idee. Ich weiß nicht, habt Ihr ein Kastensystem in Russland? Nein. Ja?!

[Zuhörer lachen]

Metrophan hat dieses Kastensystem gemacht? Nein, nein, nein, er war ein braver Kerl. Haha. Also, es gab einen Heiligen - nun, bevor er ein Heiliger war. Nein, eigentlich kann ich es so nicht sagen, weil ein Heiliger als Heiliger geboren wird.

Chandu Dakna wurde in einer sehr niederen Kaste geboren. Jeden Tag hörte er die Tempelglocke läuten. Er hörte sie laut und er rannte, aber sie erlaubten ihm nicht einmal, vor der Tür - dem Haupteingang - zu stehen, sie stießen ihn weg.

Also, eines Tages, als er mit seinem Freund spielte - er war jung, ein kleiner Junge - hörte er die Glocke läuten, und der Freund sagte: „Oh, wie schön wäre es, wenn wir auch zum Gebet gehen könnten. Ohne nachzudenken rannte er zum Tempel und ging vor die Murti von Krishna. Und als ihn die Leute sahen, wurden sie wirklich wütend und warfen ihn hinaus. Sogar heute ist es noch so in Indien. An einigen Orten, wisst Ihr, ich kann das aus Erfahrung sagen, darf man nicht einmal in die Nähe des Tempels. Aber jeden Tag war es sein einziger Wunsch, in den Tempel zu gehen und den Herrn zu sehen.

So wuchs er mit der Zeit heran. Er stand nur draußen. Er durfte nicht hinein. Und er dachte bei sich: „Oh Gott, Du bist für alle da. *Warum* kann ich nicht hineinkommen, um Dich zu sehen?" Er hörte immer die Stimme des Priesters sagen: „Oh, du bist eine Person aus niederer Kaste! Du bist nichts! Du darfst nicht einmal in der Nähe stehen!" So dachte er immerzu: „Herr, warum hast Du mich so gemacht?"

Und so, eines Tages hörte er eine kräftige Stimme in seinem Innern, die sagte: „Chandu, komm herein!" Ihr wisst, wie der Verstand ist. Der Verstand fing an zu denken: „Gehe ich hinein, oder nicht?" Wenn ich hinein gehe, werde ich hinausgeworfen werden!" Also kehrte er um. Er ging nach Hause. Und als er sich hinlegte, sagte diese Stimme: „Chandu, du traust Mir nicht! Warum vertraust du Mir nicht? Wach auf, Ich warte auf dich: Komm! Komm und sieh Mich!" Und dieser Gedanke, diese Stimme in seinem Innern war so stark, es machte ihn verrückt. So wachte er eben auf, und ging zum Tempel. Es war Nacht, als er zum Tempel ging, die Tür war offen. Er ging hinein, und er hielt Krishna fest.

Zu der Zeit, als sich die Tür öffnete - die Tür gab natürlich ein Geräusch von sich, als sie geöffnet wurde, es war eine große Tür. Die Priester wurden wach, und sie sahen ihn, wie er Krishnas Füße hielt, und sie wurden richtig wütend, und sie warfen ihn hinaus. „Wie kannst du es wagen! Wie kommt es, dass du in der Nacht zum Tempel kommst? Willst du dies und jenes stehlen?" Und sie überhäuften ihn mit Vorwürfen. Da sagte er: „Nein, nein, nein, ich kam nicht, *Er* war es, Der mich rief!" Und der Priester sagte: „Aber warum? Wie kommt es, dass Er *dich* rief? Ich bete jeden Tag zu Ihm, ich diene Ihm jeden Tag, weißt du? Ich höre Ihn nicht. Du bist verrückt. Geh hier weg."

Also ging er nach Hause. Unterwegs war er natürlich aufgewühlt. Er sagte: „Herr, Du riefst mich herein, ich kam herein. Schau, ich bin hinausgeworfen worden", und im Innern begann er zu vergessen, dass der Herr zu ihm sprach. Er konzentrierte sich nur auf das, was der Priester sagte: „Du bist Dreck", weißt du, „du bist aus unterer Kaste, du hast hier keinen Zutritt. Geh raus." Mit diesen Gedanken ging er nach Hause.

Aber was geschah mit dem Priester, als er das zum Priester gesagt hatte: „Es war der Herr, Der mich rief!" Als der Priester heimwärts ging, begann er zu denken: „Was wäre, wenn es wirklich der Herr war, Der ihn rief?" So war er innerlich aufgewühlt. „Ich habe ihn verflucht, ich habe ihn aus dem Tempel geworfen." Und er hatte Schuldgefühle in sich. Also beschloss der Priester, zu seiner Hütte zu gehen, um es herauszufinden.

Der Mann lebte auf der anderen Seite des Flusses, in einer kleinen Hütte. Einfach. Als der Priester in die Nähe kam, hörte er ihn sprechen. Er hörte ihn sagen: „Oh, Herr, warum? Ich kam zu Deinem Tempel, und sie haben mich weggestoßen." Und in ihm war eine andere Stimme, die von innen kam - der Herr war in ihm, sie kam von seinem Herzen – und sie sagte: „Mach dir keine Sorgen, Ich habe dich dorthin gerufen. Wem hast du zuzuhören? Denen oder Mir? Halte allem stand, Ich bin mit dir." Und natürlich konnte der Priester niemanden sehen. Er konnte zweierlei Stimmen hören. Also eilte er nach drinnen und sagte: „Oh, du möchtest mich glauben machen, dass du mit Krishna sprichst, ich hörte zwei Arten von Stimmen!", und er schlug ihn hart auf die Wange, und er ging sehr zornig weg.

So, als der Priester den Tempel erreichte, während er den Tempel öffnete, sah er die Statue von Krishna mit einem geschwollenen Gesicht, mit Fingerabdrücken darauf. Als er das sah, ging er, um alle zusammenzurufen, all die Priester, und sagte: „Schaut, ich habe den Devotee geschlagen, schaut, der Herr nahm es auf sich. Eigentlich habe ich nicht den Devotee geschlagen, ich habe Ihn geschlagen." Das ist es, was Christus sagte, nicht wahr? „Was ihr meinen Brüdern antut, was ihr für die Notleidenden tut, das tut ihr Mir an." So nahm Krishna die Ohrfeige auf Sich. Der Priester war sich darüber also im Klaren, rannte zur Hütte, fiel dem Heiligen zu Füssen und bat um Verzeihung. Er sagte: „Wahrhaftig, als du sagtest, dass du mit Krishna sprichst, war die Stimme, die ich aus deinem Innern kommen hörte, die Stimme von Krishna Selbst. Deine Stimme - deine Stimme ist anders! Es *war* eine andere Stimme.

Sie brachten ihn dann zum Tempel, und als sie ihn dorthin brachten, respektierten sie ihn alle. Sie fielen ihm alle zu Füssen und baten um Verzeihung - all die Priester fielen ihm zu Füssen und baten um Verzeihung. Das Gesicht der Murti wurde normal. Der Abdruck verschwand.

Also, ich habe Euch die Geschichte nur erzählt, um Euch zu zeigen, dass die innere Stimme sehr stark ist, und man kann sie von den eigenen Gedanken unterscheiden.

● ● ●

Wann wird das Leiden von Jesus aufhören?

Möhlin, Schweiz, 21. Juni 2011

Nun, Sein Leiden hat aufgehört, aber Er leidet, wenn er Euch leiden sieht. Er leidet, wenn Er sieht, dass Ihr Euch selbst leiden *macht*. So, wie kann man das ändern? Indem Ihr Euch selbst ändert. Zuvor habe ich davon gesprochen, positiv zu werden. Ein reines Herz zu haben. Und ich sprach davon, den Verstand zu kontrollieren, den Verstand positiv zu machen, und den Verstand klar zu machen. Das wird das Leiden von Jesus beenden. *Ihr* werdet auch glücklich sein.

Seht, wie Jesus - alle großen Avatare, wenn Sie die Menschen ansehen, sind gekommen, die Menschen zu erheben. Und die Menschen wissen in der Tiefe ihrer selbst, dass sie etwas zu ändern haben. Sie (die Avatare) werden Euch nicht zwingen, Euch zu ändern. Sie wollen, dass *Ihr* von selbst den ersten Schritt tut. Und wenn Ihr den ersten Schritt tut, werden sie hinzueilen, um Euch zu helfen. Aber diesen ersten Schritt - die Menschen sind nicht einmal bereit, den zu tun! Sehr oft gehen sie den halben Weg und sagen: „Ja, ich mache das", und dann, „Nein, ich mache es nicht." Aus Angst, wisst Ihr. Aber was man im Nachhinein gewinnt, ist viel mehr.

Jeder will glücklich sein, nicht wahr? Was immer man im Leben tut, tut man, um Glück zu erlangen. Man arbeitet - wofür? Um glücklich zu sein, ein gutes Leben zu haben. Ihr seid auf Eurem spirituellen Weg, um Selbst-Verwirklichung, Gott-Verwirklichung zu erlangen. Jemand begeht Selbstmord - wofür? Um frei zu sein, (vermeintlich, weil er sich des Gesetzes des Karma nicht bewusst ist). Und doch, wenn man sieht, wie sich jemand umbringt, sagen wir zum Beispiel, jemand ertränkt sich, dann ist seine Hand immer aus dem Wasser gestreckt! In der Hoffnung, dass ihn schon jemand herauszieht. Allerdings hier ertränken sich die Menschen selbst, immer runter. Man *muss* sich ändern, wisst Ihr.

Wenn man sich die Welt da draußen anschaut – wie sie sich verändert! Aber Menschen wollen, dass alles so ist, wie sie es wollen. Und wenn es nicht so kommt, wie sie es wollen, sind sie sehr unglücklich. Woher wisst Ihr, dass das, was Ihr wollt, Euch wirklich glücklich machen wird? Denn manchmal *wollen, wollen und wollen* die Leute immer nur viele Dinge. „Ich will dieses Auto", man bekommt das Auto, freut sich einen Monat lang daran und dann: „Ich will ein anderes Auto." Man freut sich einen weiteren Monat daran. „Oh, ich will dieses schöne Haus." Aber das sind begrenzte Dinge. Man freut sich nur eine begrenzte Zeit an ihnen.

Wenn man dagegen sein Selbst verwirklicht, durch seine Sadhana, baut man diese Stärke in sich auf. Man wird innerlich stark. Und wenn man innerlich stark ist, wird man auch äußerlich stark sein. Aber wenn man innerlich schwach ist, wenn man sich innerlich schwach *macht*, dann wird man äußerlich schwach sein. Das ist der *Wille*. Man muss diesen Willen haben. Wenn Ihr Euch bewusst seid, dass Ihr etwas ändern müsst, ändert es. Wartet nicht auf morgen! Sagt nicht: „Ich werde es nach und nach machen." Es funktioniert nicht, wisst Ihr? Ändert es jetzt! Ihr wollt etwas ändern? Ändert es jetzt! Macht man es nach und nach, wird man wieder zurückfallen.

So, das wird das Leiden beenden, das alle Meister haben.

●   ●   ●

Ich habe gerade Lord Chaitanya zu Ende gelesen, und viele Male, wenn Er sang, gingen viele um Ihn herum in Bhav. Es wäre großartig, wenn wir auch diese Erfahrung mit Dir machen könnten.

Nun, es könnte sein. Aber es ist nicht dieselbe Zeit und nicht dasselbe Land. Wenn ich in Indien wäre, wäre es sehr gut möglich.

Aber hier würden sie Euch in die Psychiatrie einliefern.

Seht, es gibt die richtige Sache am rechten Platz. Und man muss auch sehen, die Leute um Chaitanya Mahaprabu, warum hingen sie an solch einem Bhav? Weil sie Ihm ergeben waren. Jeder, der dem Göttlichen völlig ergeben ist, wird davon geprägt sein. Es ist vollständige Ergebenheit.

Natürlich - warum ich sagte, in Indien sei es viel einfacher, ist, weil die Menschen in der westlichen Welt sich sehr im Verstand aufhalten. Der Verstand ist hier sehr aktiv. Wohingegen es im östlichen Teil der Welt hauptsächlich mit dem Herzen geschieht - das Empfinden, selbst die Emotion. Das sind die zwei verschiedenen Dinge zwischen dem Westen und dem Osten.

Ihn zu geben ist leicht, ihn zu wecken, diesen Bhav. Ich habe ihn immer in mir, ich verberge ihn. Auf dieselbe Art verberge ich, wer ich bin. Denn, wenn Ihr es spüren würdet, würdet Ihr beginnen, es in Frage zu stellen. Und wenn Ihr es in Frage stelltet, wäre es eine Gefahr für Euch. Das ist, was ich sagte: „Macht Eure Sadhana, macht Eure spirituelle Praxis." Und was immer Gott Euch gibt, seid glücklich darüber.

• • •

Was bedeutet es, bereit zu sein, einen Guru und einen spirituellen Namen zu haben?

Shree Peetha Nilaya, Springen, Deutschland, 10. Februar 2012

Nun, wenn Ihr einen spirituellen Namen haben wollt, werdet Ihr zu Eurem Guru gehen und ihn fragen. Was bedeutet es also, bereit zu sein? Es bedeutet, dass man bereit ist, die Entscheidung eines Meisters zu akzeptieren, ohne sie in Frage zu stellen. Auch wenn es gegen das spricht, was man meint. Das ist damit gemeint, „man akzeptiert einen Guru".

Und dann, natürlich, kann man den Guru nach seinem spirituellen Namen fragen, dann wird der Guru einem einen spirituellen Namen geben, oder nicht. Aber solange man seinen eigenen Willen hat, ist man nicht bereit, den Guru zu akzeptieren.

●　●　●

Im Augenblick der Erschaffung eines Seelen-Wesens, wann wird der Guru, Satguru, bekannt oder wird gewählt, oder wie kommt es, dass er gewählt wird?

Shree Peetha Nilaya, Springen, Deutschland, 10. Februar 2012

Nun, wenn die Seele sich auf der Erde manifestiert, könnte es sein, dass die Seele innerhalb eines Lebens für immer frei ist. Was bedeutet, dass in dem Augenblick, in dem die Seele sich manifestiert hat, der Guru nicht auch direkt da sein muss. Der Guru erscheint nur, wenn eine bestimmte Abweichung geschieht, was heißt, wenn der Verstand überhand nimmt. Der Guru erscheint also, um sie an den Zweck des Lebens zu erinnern.

So, dann lässt der Guru es die Person wissen, oder man wählt. Also, es gibt keine spezifische Zeit, sondern es ist dann, wenn der Verstand sehr aktiv wird und die Seele sich sehr weit weg bewegt hat, dann lässt es der Guru die Person wissen. Dieser Punkt liegt viele Leben zurück, nicht in einem Leben, nicht in diesem gegenwärtigen Leben, nein. Ich rede davon, wann sich die Seele anfänglich dem Satguru ergeben hat.

* * *

Guruji, wir habe so viele puristische Vorstellungen vom Zustand der Erleuchtung. Könntest Du uns bitte, als unser Meister, beschreiben, wie Du das Ganze siehst, die Welt und uns, die wir hier vor Dir sitzen und dumme Fragen stellen?

Shree Peetha Nilaya, Springen, Deutschland, 10. Februar 2012

Hahaha! Ah! Nun, seht, solange es noch ein Urteilen an irgendetwas gibt, ist man nicht verwirklicht. Manchmal muss der Meister sich auf eine bestimmte Weise verhalten, um jemandem zu helfen, ein bestimmtes Ziel zu erreichen. Aber der Meister ist immer frei. Es gibt nicht ein einziges Atom in mir, welches irgendein Karma erschafft. Weil da kein Urteilen ist!

Also, wie nehme ich Erleuchtung wahr? Ich nehme Erleuchtung als das Göttliche in allem wahr, was bedeutet, ich weiß wer ich bin. Nicht einen einzigen Augenblick vergesse ich das. Und ich weiß, wer ein jeder ist. Ich muss das Spiel spielen, weil wir hier sind, wisst Ihr, in dieser Welt, die auf Begrenzung basiert - also müssen wir das Spiel der Begrenzung spielen. Denn wenn ich hier ich selbst wäre, glaube ich nicht, dass Ihr hier sitzen würdet. So, das ist es, wie ich alle wahrnehme - als einen Aspekt des Göttlichen.

Zum Beispiel, stellt Euch alle vor, Ihr seid eine Lichtkugel. Und alle und alles ist in vollkommener Einheit mit einander. Also, stellt Euch jetzt gleich in Gedanken vor, Ihr wärt eine Lichtkugel. In Ordnung? Also, wieviele Lichtkugeln gibt es hier? Viele. Aber von oben betrachtet, was würdet Ihr sehen? Eh? Eine Lichtkugel. Es gibt nicht *viele* Lichtkugeln, es gibt nur *eine* Lichtkugel. Und so nehme ich es, von oben schauend, wahr.

●　●　●

Warum sagen die Leute, dass sie den Guru lieben, aber wenn sie Kompromisse eingehen müssen, um seiner Mission zu helfen, vergessen sie, dass der Guru und seine Mission eins sind?

Shree Peetha Nilaya, Springen, Deutschland, 10. Februar 2012

[*Lachend*] Nun, seht Ihr, es geschieht aus Angst. Die Leute gehen Kompromisse ein aus Angst, nicht genug zu haben. Sie haben sich noch nicht wahrhaft ergeben. Wenn man sich dem Guru nicht voll ergeben hat, wird man natürlich immer Angst haben, und was werden sie aus dieser Angst heraus machen? Sie werden sich zurückhalten. Also, dann können sie nicht helfen.

Du kannst niemanden zwingen, sich zu ergeben, nicht wahr? Oder doch? Du kannst es nicht, oder? Seht, solange man nicht vollkommen ergeben ist, gibt es immer Angst, und Angst stoppt immer unser Selbst.

●　●　●

Ist die Gnade eines Gurus notwendig für die Selbstverwirklichung, oder ein individuelles Bemühen?

Belgrad, Serbien, 22. September 2011

Also, sagt es mir, ich werde Euch dieselbe Frage stellen, ich will, dass Ihr seht wie Ihr darüber denkt. Was glaubt Ihr?

Braucht Ihr die Gnade des Gurus? Wie viele sagen ja? Und wie viele sagen nein?

...Ich würde mal schätzen, der Rest sagt nein. Ich glaube, Ihr liegt da falsch. Nichts geht über die Gnade des Gurus, denn, wenn der Guru etwas verweigert, ist es, als ob Gott Selbst es verweigert. Und wenn der Guru gibt, ist es Gott, Der gibt. Aber dafür müsst Ihr Euch auch anstrengen, man kann sich nicht einfach hinsetzen, und sich nicht anstrengen, und sagen: „Ok, der Guru wird alles für mich tun."

Um also die Gnade des Gurus zu erlangen, muss man sich vollkommen dem Guru überlassen. Das bedeutet nicht, dass man hinter seinem Guru herlaufen muss, nein - man muss sich bewusst sein, dass der Guru in einem ist. Und wenn Ihr eine Gelegenheit habt, Zeit mit Eurem Guru zu verbringen, dann verbringt Zeit mit ihm, denn die Zeit, die man mit seinem Guru verbringt - was man empfängt, nicht einmal durch Worte, sondern was man geistig empfängt – ist herausragender als das, was man durch eigene Anstrengung erhalten kann. Deshalb müsst Ihr Euch zuerst mit Euren Kräften bemühen. Nicht, um Eurem Guru irgendetwas zu beweisen, denn der Guru *weiß*, wem die Gnade zu geben ist, wem Seine Barmherzigkeit zu geben ist. Aber Ihr müsst Euch dafür bereit machen. Also, wenn Ihr bereit seid, wird Er sie Euch geben.

Aber wenn Ihr nicht bereit seid, könnt Ihr nicht sagen: „Ok, Er gibt nicht, also ich werde mich nicht regen, ich werde zu einem anderen Guru wechseln." Es geht alles um die Gnade Gottes, wisst Ihr? Sonst nichts.

Deshalb kann man sehen, dass einige Leute nicht viel tun müssen im Leben. In dem Moment, in dem sie ihrem Guru begegnen, beginnen sie zu strahlen. Sie beginnen, aufzuwachen. Was geschieht? Auch, wenn sie nicht viel tun, haben sie es. Ihre Hingabe an den Meister, an ihren Guru lässt es geschehen.

Also, die Gnade des Meisters ist *alles*. Wie, sagen wir mal, wie wenn man einen Meister verletzt - man verletzt nicht den Meister, man verletzt das Göttliche Selbst. Das ist es, was sogar Christus sagte, wisst Ihr? Dasselbe gilt, wenn man den Meister liebt.

Seht, in der Guru Parampara verehren wir den Guru als Gott Selbst. Im Westen ist es anders, aber in Indien ist es so. Darum diese Strophen, die Ihr sehr gut kennt:

„Gurur Brahma, Guru Vishnu, Gurur Devo Maheshvara,

Gurur Shakshat Param Brahma,

Tasmai Shri Gurave Namaha",

… nicht wahr? Dieser Teil, welcher den Guru meint, Er ist Brahma, Er ist Vishnu, Er ist Shiva. Er ist die Manifestation des Parabrahma, das heißt, Er machte Sich Selbst, und wenn man sich dem Guru ergibt, ergibt man sich Gott ganz.

Manchmal kann es sehr leicht sein, wisst Ihr? Man kann eigene Anstrengungen machen, äußerst viel, dennoch scheint man nirgendwo weiterzukommen, und dann, nur der Segen eines Heiligen – man ist verwirklicht! Nach was immer Ihr gesucht habt - bei all Eurer Anstrengung, brauchtet Ihr nur die Zündung, nicht wahr? Und das ist es, was der Guru tut.

* * *

Hat jeder einen Guru?

Shree Peetha Nilaya, Springen, Deutschland, 6. Januar 2012

Ja, jeder hat einen Guru.

Was ist zu tun? Krishna Selbst sagte es: „Unter Millionen werden mich nur ein paar erreichen", und die paar, die Ihn erreichen, wählen zurückzukommen und den anderen zu dienen. Ein paar Schüler. Nur diejenigen, die bereit sind, werden zu einem bestimmten Guru geführt werden.

Es ist wie, seht Ihr, wenn Ihr bereit seid zur Schule zu gehen, geht Ihr zuerst in den Kindergarten, oder? Bleibt Ihr immer im Kindergarten? Ja? Nein! Ihr geht zur...? Grundschule. Nachdem Ihr mit der Grundschule fertig seid, geht Ihr zur Mittelschule. Nach der Mittelschule geht Ihr zur...? Chirurgenschule? (lachend). Pritala wird zur Chirurgenschule gehen, Ihr geht auf die Universität, aber für jede Stufe habt Ihr einen bestimmten Guru.

Und nicht jeder erreicht die Universität - oder gehen alle auf die Universität? Nicht jeder erreicht einen Universitätsabschluss. Es ist so. Nur wenn man bereit ist, unterstützt das Göttliche es. Eine Sache wisst, Gurus sind nicht nur hier, sie sind in jeglichen Religionen, sie senden jederzeit den Lehrer, den Meister, um zu führen.

* * *

Gibt es eine Verbindung zwischen Jesus und Babaji?

Shree Peetha Nilaya, Springen, Deutschland, 6. Januar 2012

Nun, alle Meister stehen in Verbindung.

* * *

Wie beeinflusst das Geschlecht eines Gurus im Körper eines Mannes oder im Körper einer Frau die Guru-Schüler-Beziehung, wenn der Schüler eine Frau und wenn der Schüler ein Mann ist?

Shree Peetha Nilaya, Springen, Deutschland, 6. Januar 2012

Nun, seht, es hängt nicht vom Geschlecht des Gurus ab, es hängt vom Fortschritt jeder Person ab. Sehr oft werden in der Nähe von einem weiblichen Guru, die Schüler um sie herum stets Frauen sein.

Automatisch, wenn die Seele kommt, in einen Körper eintritt, inkarniert sich die fortgeschrittene Seele auch, und natürlich ist es bereits vorherbestimmt, vorab organisiert, in welchem Körper sie kommen wird, was sie zu tun hat. Da ist dann nichts mehr zu machen. Deshalb sieht man bei einem männlichen Guru, dass die Schüler um ihn meistens Männer sind. Ein weiblicher Guru wird meistens weibliche Schüler um sich herum haben, weil da mehr Verbindung ist, wo man sich auch mehr entspannt fühlt.

* * *

Wer ist ein Satguru?

Shree Peetha Nilaya, Springen, Deutschland,6. Januar 2012

Ein Satguru ist der, der frei ist von *allem*. Der durch nichts gebunden ist.

• • •

Wie wird ein Satguru gewählt? Wovon hängt es ab?

Shree Peetha Nilaya, Springen, Deutschland,6. Januar 2012

Es hängt von Euch ab, innerlich, so wird er gewählt.

• • •

SCHÜLER

Was sind die Merkmale eines wahren Schülers? Was sind seine Verpflichtungen?

Satsang russischer Devotees,
Shree Peetha Nilaya, Springen, Deutschland, 6. März 2011

Die Eigenschaft eines wahren Schülers ist erstens die Hingabe. Zweitens, die Liebe. Drittens, das Widerspiegeln der Eigenschaften des Gurus auf einen.

Die Verantwortung, die ein wahrer Schüler hat: Der wahre Schüler wird immer das Wort des Meisters verbreiten. Es ist so, wie wenn Ihr ein nettes Restaurant kennt. Was tut Ihr dann? Ihr empfehlt all Euren Freunden, in dieses Restaurant zu gehen, nicht wahr? „Dort gibt es gutes Essen, geh dort hin!" Oder, wenn Ihr eine feine Süßigkeit probiert habt, dann werdet Ihr sie immer kaufen, um sie jedem anzubieten! Es ist das Gleiche mit einem wahren Schüler, er hat diese Eigenschaft. Was der Schüler auch erhalten hat, er behält es nicht für sich; er gibt es immer weiter.

● ● ●

Wenn ein Schüler stirbt, oder der Guru seinen Körper verlässt, wird die Verbindung zwischen ihnen im nächsten Leben des Schülers fortbestehen, bis dieser befreit ist, oder wird der Schüler in seinem nächsten Leben einen anderen Guru haben?

Satsang russischer Devotees,
Shree Peetha Nilaya,Springen, Deutschland, 6. März 2011

Nun, wisst Ihr, die Guru-Schüler-Beziehung ist eine ganz besondere Beziehung. Ihr könnt viele Sishya Gurus haben. Wenn die Seele noch nicht herangereift ist, um den Satguru zu empfangen, werdet Ihr viele Leben hindurch Sishya Gurus haben. „Sishya Guru" bedeutet: der Guru, der Euch Wissen vermittelt, um Euch auf den Satguru vorzubereiten. Also bereitet Euch das auf den Satguru vor, und wenn Ihr dem Satguru begegnet, bereitet der Satguru Euch auf Gott vor.

So, die Frage ist, ob die Beziehung weitergeht? Ja, sie geht weiter. Denn, als Eure Seele vor vielen Leben eine bestimmte Identität entwickelt hat, manchmal liegt das nur ein Leben zurück,... begegnet Ihr in Eurem Leben – Euren Leben – Eurem Satguru, wenn Ihr Euch Eurem Satguru überlasst, und diese Beziehung dauert für immer an, bis Ihr Euer Selbst vollkommen verwirklicht und die Lotusfüße des Herrn erreicht. So, das bedeutet ganz und gar nicht, dass der Satguru auch immer kommen muss, wenn *Ihr* kommt! Nein. Der Satguru hat andere Schüler, die Gurus sind, und er hat Eure Seele auf eine Weise disponiert, dass Ihr im Laufe Eures Lebens auf bestimmte Lehrer trefft, welche Euch helfen voranzuschreiten.

So geht Ihr also, bevor Ihr Eurem Satguru wieder begegnet, manchmal durch viele Leben mit anderen Sishya Gurus, die Euch - wie ich sagte - mit Wissen erfüllen, um zum Satguru zu gelangen. Wenn Ihr Eurem Satguru dann wieder begegnet, gibt es keinen Weg zurück, es gibt keine Umkehr. Es geht immer vorwärts. Diese Beziehung dauert an, bis Ihr Eure Endbestimmung erreicht habt.

● ● ●

Wie kann jemand Dein Schüler werden, wenn er keine Gelegenheit hat, seinen Wohnort zu verlassen?

Satsang russischer Devotees
Shree Peetha Nilaya, Springen, Deutschland, 6. März 2011

Man kann es sein, wenn man es tief in seinem Innern fühlt. Es ist egal, wo man ist. Wenn man es intensiv in seinem Herzen spürt, und man fest daran glaubt, dann ist man es.

● ● ●

Ab welchem Alter kann ein Kind Dein Schüler werden, seinen spirituellen Namen erfahren und wissen, wer sein Ishtadev ist?

Satsang russischer Devotees,
Shree Peetha Nilaya, Springen, Deutschland, 6. März 2011

Ein Schüler zu werden hängt nicht vom Alter ab. Er wird als mein Schüler geboren, oder nicht. Das bedeutet nicht, dass wenn die Eltern Schüler sind, das Kind auch ein Schüler sein muss. So ist es nicht. Der Schüler – ich werde Ausschau nach ihm halten. Und wann die rechte Zeit ist, ihm die Namen zu geben, ihn wissen zu lassen, wer sein Ishtadev ist und ihm das Mantra zu geben – das wird je nach dem dann sein, wenn er bereit ist. Manchmal braucht ein Schüler etwas länger, um zurückzukommen. Der verlorene Sohn – das kennt Ihr, nicht wahr? Es ist das Gleiche.

Einige, selbst ein Kind, werden das Mantra, den Namen, alles erhalten. Manche Kinder sind durch den Segen geboren, wisst Ihr. So gibt es zum Beispiel auf Mauritius ein Mädchen namens Shiva, einige von Euch haben von ihr gehört. Gewiss, die Eltern gingen und haben Kinder bekommen, aber sie ist eine Verkörperung der Göttlichen Mutter. Ich *bat* Sie, Sich in diesem Körper zu manifestieren. Natürlich kannte Sie mich automatisch vom ersten Moment an, wusste wer ich bin. Vom ersten Moment an war Sie darin eingeweiht. Selbst den Namen gab ich Ihr. Ich gab Ihr bereits das Mantra und natürlich kennt Sie Ihren Ishtadev – das brauche ich Ihr nicht zu sagen.

●　　●　　●

Während sie Deine Schüler sind, können sich manche von anderen Meistern angezogen fühlen. Ist es möglich von diesen zu lernen, sie zu treffen, mit ihnen zu reisen oder sogar Übungstechniken anderer Traditionen zu praktizieren?

Shree Peetha Nilaya, Springen, Deutschland, 6. Januar 2012

Nun, dann sind sie keine Schüler. Sie sind Devotees. Wie Ihr wisst, sagte ich bereits, dass ein Schüler nicht umherstreift. Ein Schüler kennt seinen Platz. Er schwankt nicht hin und her. Er macht kein ‚Guru-hüpfen' oder ‚Guru-shoppen'.

* * *

Wenn jemand in seinem oder ihrem Herzen den Lehrer kennt und diesem treu ist, würdest Du es dann gutheißen, wenn er sich Satsangs anderer Meister anhört um des Lernens anderer Themen willen. Ich meine nicht, sich einweihen zu lassen oder den Guru zu wechseln.

Split, Kroatien, 19. September 2011

Also, wenn Ihr wisst, wo Ihr hingehört und völlig Eurem Weg ergeben seid, dann ist es nicht falsch, den Satsangs anderer Meister zuzuhören – solange Ihr stark in Euch selbst seid. Aber wenn Ihr nicht stark genug in Euch selbst seid und dem Satsang eines anderen Meisters zuhört, werdet Ihr Euren Weg verlieren. Denn dann werdet Ihr immer gewisse Zweifel in Euch haben, ob Ihr wirklich auf dem richtigen Weg seid, oder nicht. Aber wenn Ihr ganz sicher, und Eurem Weg ganz gewidmet seid, dann könnt Ihr zu Satsangs gehen – auch zu Millionen von Meistern. Dann kann Euch nichts erschüttern oder bewegen. Aber solange Ihr diesen vollständigen Glauben und völlige Verwurzelung in Eurem Weg nicht habt, versucht, auf Eurem Weg zu sein und ihn erst mal aufzubauen. Aber Ihr könnt immer das Gute von jedem annehmen. Wisst Ihr, wenn Ihr anderswo hingeht, und es ist zu Eurem Vorteil , wenn es Euch zu besseren Menschen macht, dann ist es in Ordnung.

* * *

Warum sind die engsten Schüler eines Meisters immer verrückt?

Shree Peetha Nilaya, Springen, Deutschland, 6. Januar 2012

[Swami und das Publikum lachen]

Die Frage geht weiter: Warum sind die engsten Schüler eines Meisters immer männlich?

Das ist nicht wahr. Da sind auch weibliche.

Die Frage geht weiter: Warum können Frauen dem Meister nicht so nahe sein wie Männer, wenn sie die Shakti in sich haben?

Nun, Ihr müsst wissen, es sind nicht immer nur Männer oder nur Frauen. Beide stehen ihm nahe.

● ● ●

Von welchem Moment an wird ein Devotee zum Schüler? Gibt es eine Einweihung?

Shree Peetha Nilaya, Springen, Deutschland, 6. Januar 2012

Nein, es gibt keine Einweihung. Es geschieht automatisch. Wenn der Devotee sich vollständig ergeben hat, ohne eine Spur von Zweifel, wird er automatisch ein Schüler. Dann ist es wie ... lasst es mich so sagen: der Guru unterstützt den Schüler vollständig. Und da ist der Guru, der Schüler spiegelt den Guru in seiner Fülle. Deshalb könnt Ihr bei vielen Gurus bemerken, dass der Schüler ihm ähnlich sieht. Sie sprechen ähnlich, sie handeln ähnlich, sie sehen ihm ähnlich. Weil sie wirklich, ehrlich ihrem Guru ergeben sind. Dann lebt nur der Guru in ihnen, sogar die Energie in ihnen, die sie stets auf die Ebene des Gurus erhebt.

* * *

Ich habe gelesen, dass wenn ein Schüler stirbt....

Wohl bemerkt, hier steht geschrieben: Wenn ein *Schüler* stirbt.

... dass sein Guru im Moment des Todes anwesend ist, um das Fortbestehen seiner spirituellen Entwicklung sicherzustellen. Darf ich fragen, ob das wahr ist?

Shree Peetha Nilaya, Springen, Deutschland, 6. Januar 2012

Ja, das ist vollkommen wahr. Nochmals, ich sagte *Schüler*! Ich sagte nicht *Devotee*!

Schön.

* * *

Was ist der Unterschied zwischen einem Schüler und einem Devotee? Zwischen Schüler sein und einem Anhänger?

Shree Peetha Nilaya, Springen, Deutschland, 6. Januar 2012

Nun, Schüler... Sie stellen ihren Guru nicht in Frage. Schüler sind *vollständig* ergeben. Und Schüler sind sozusagen auf dem Weg, eins zu werden mit ihrem Guru.

Ein Anhänger ist das Gegenteil von einem Schüler. Deshalb sagt man, dass ein Guru viele Anhänger hat, aber nur sehr wenige Schüler. Auch Krishna. Nimm Jesus: Er hatte nur 12 Schüler, aber viele Anhänger. Da haben Tausende von Leuten an der Tür gesessen. Fünftausend hat er gespeist. So viele Wunder hat er während seines Lebens gewirkt; drei Jahre lang wirkte er täglich Wunder, fast. Doch als er gekreuzigt wurde, waren nur Maria Magdalena und Johannes dort. Nicht einmal die engen Schüler. Aber dennoch haben sie nicht von Ihm gelassen.

So, in jedem Fall bleibt der Schüler für immer, wohingegen Anhänger immer wieder von einem Platz zum anderen wandern, weil sie noch suchen. Sie *denken* „Ja, ich bin ein Devotee von diesem", und doch wandern sie weiter. Ein Schüler wandert nicht umher. Er bleibt fest.

●　●　●

SEELE

Wenn alles Gott ist, und wir alle von der gleichen Quelle kommen, warum gibt es dann so große Unterschiede im Energieniveau? Zum Beispiel Indigo-Kinder – warum sind sie so anders?

Split, Kroatien, 19. September 2011

Nun, die Bestimmung der Seele ist unterschiedlich. Die Seele ist nicht indigo. Die Seele ist gleich, aber die karmischen Dinge, die mit der Seele kommen, sind unterschiedlich. Zum Beispiel die Kinder, die ihr Indigo-Kinder nennt, nenne ich begnadete Kinder – sie haben eine andere Bestimmung in ihrem Leben, sie haben eine andere Aufgabe. Diese Kinder, oder diese Menschen sind begabt, die Liebe im Innern der Menschen zu erwecken, und natürlich müssen sie in einer sehr hohen Frequenz schwingen, um fähig zu sein die Menschen zu ändern. Wenn sie in einer sehr niedrigen Frequenz schwingen, können sie nichts ändern.

Heute habe ich mit Pritala über das Leben eines Heiligen diskutiert. Pritala sagte zu mir, nachdem er die erste Seite gelesen hatte, der Heilige war bereits begnadet. Er sagte, dieser Heilige wurde bereits als Heiliger geboren. Nun ja, denn die Heiligen kommen immer, um Menschen zu helfen. Ob Ihr das manchmal in der christlichen, oder manchmal in der hinduistischen Tradition seht, sie kommen immer. Natürlich verwenden sie nicht das Wort „Reinkarnation", aber sie inkarnieren sich, um zu tun, was sie tun müssen. Und sehr oft tun Heilige oder begnadete Kinder das, was sie tun müssen, auf stille Weise. Weil wir Meister nicht über das sprechen, was wir tun. Natürlich haben wir manchmal eine Zusammenkunft da oben. Aber wir sprechen nicht mit den Menschen über das, was wir tun.

Alles ist durch Schwingung gemacht, alles ist vollbracht durch das Geheime, im... . Denn den Menschen das zu erklären, bedeutet, es zu begrenzen. Denn Menschen verstehen *nicht*. Menschen wollen Dinge immer mit dem Verstand erfassen, aber was immer man mit dem Verstand begreift, ist nur Begrenzung. Auch die Worte, die ich jetzt zu Euch spreche, sind einfach bloß Begrenzung, sonst nichts.

Wenn ich hier sitzen könnte, Ihr sitzt dort, still, und beobachtet, und nehmt wirklich vorzugsweise in Euch auf, *dann* könnten wir darüber reden. Wenn ich zu Babaji gehe, wenn wir uns treffen, unterhalten wir uns nicht. Wir sitzen nur. Und dadurch sagen wir schon, was immer wir zu sagen haben. Wir fragen nicht „Wie geht es Dir?" Aber hier muss man sprechen, weil das die einzige gemeinsame Sprache ist, die Ihr versteht, nicht? Wenn Ihr die Sprache des Herzens verstehen könnt – kein Problem! Wenn ich genau so sein würde, dann würdet ihr sagen: „Oh, meine Güte, Swamiji hat mich nicht mal angesehen, er hat nicht mit mir geredet! Ist er verärgert?", oder dies und das.

●　●　●

Was ist die Beziehung zwischen unserer Seele und unserem Herzen, dem, wie es heißt, Gott innewohnt?

Shree Peetha Nilaya, Springen, Deutschland, 10. Februar 2012

Was ist eine Seele? Ein Funken des Göttlichen. Und das spirituelle Herz ... Was ist das spirituelle Herz? Eh? Der Sitz der Seele. Dem Gott innewohnt? Das ist es! Was ist also die Beziehung zwischen der Seele und ihrem Sitz? Antwortet mir. Dem, wie es heißt, Gott innewohnt! Seht, in dieser Frage sind drei Dinge. Ihr habt die Trennung der Seele und dann das Herz, dem, wie es heißt, Gott innewohnt, was bedeutet: etwas Getrenntes. Versteht Ihr? Im spirituellen Herzen wohnt das Göttliche. Das spirituelle Herz ist tatsächlich der Sitz der Seele, wo die Seele sich selbst offenbart. Und wir haben hier gesagt, dass die Seele ein göttlicher Funken ist. Das bedeutet also, sie ist das Göttliche Selbst. Folglich ist da kein Unterschied. Aber betrachtet man die Frage, so wird die Seele als etwas Verschiedenes, und Gott und das spirituelle Herz als verschieden dargestellt. Solange da solche Unterschiede bestehen, wird man weiterhin nach dem Göttlichen suchen. Und wenn erst einmal die Unterschiede verschwinden, dann werdet Ihr erkennen, dass das Göttliche immer gegenwärtig bei Euch, in Euch, um Euch herum und überall, alles ist. Das ist die Beziehung, die das Individuum mit dem Höchsten hat. Das wird Liebe genannt. Das ist der einzige Unterschied, sonst nichts. Aber das ist nicht die Seele oder das Herz, sondern die Individualität. Das Individuum kann seinen Geliebten lieben. Einfach gesagt, die Schöpfung Gottes liebt Gott. Das ist die Beziehung.

* * *

Was ist eine Seele?

Shree Peetha Nilaya, Springen, Deutschland, 10. Februar 2012

Sagt es mir. Dies ist eine Frage, die ich vor einiger Zeit beantwortet habe. Was ist eine Seele? Bitte, sagt es mir. Weiß es niemand?

Zuhörer: Ein Funken des Göttlichen!

SV: Wenigstens eine Person weiß das. Gut. Ein Funken des Göttlichen, und was ist ein Funken des Göttlichen? Ein Funken ist? Was ist ein Funken des Göttlichen?

Zuhörer: Ein Teil?!

SV: Wie kann das Göttliche ein Teil sein? Ist das Göttliche nicht das Ganze? Selbst ein Teil davon? Eh? Also, ich spreche jetzt nicht von der Persönlichkeit, ich spreche über die Seele.

Macht weiter, wenigstens antwortet Ihr. Macht weiter.

Zuhörer: Individualität.

SV: Also ist die Seele das Göttliche mit einer Individualität. Das ist wofür die Seele steht, „Funke des Göttlichen", aber die Fülle des Göttlichen wohnt gleichfalls in ihrem Funken.

● ● ●

Ist es möglich, dass alle Seelen zu allen Zeiten glücklich sein können?

Shree Peetha Nilaya, Springen, Deutschland, 6. Januar 2012

Nun, die Seele ist immer glücklich. Aber Glück, Traurigkeit, das sind alles Gefühle, die nur mit dem Verstand zu tun haben. Der Zustand der Seele ist Satchitananda, nichts anderes. Und das ist, was Ihr alle habt! Und das ist es, was alle Schriften aussagen, das ist es, worüber *all* die Meister sprechen: „Werdet Satchitananda!" [Sein-Bewusstsein-Glückseligkeit] Erweckt das höhere Bewusstsein! Und dann steht Ihr über allem. Ihr werdet weder glücklich, noch traurig sein.

Wisst Ihr, die Menschen denken immer, wenn man sich realisiert, ist man immer glücklich, oder man ist immer in *Mangal*, wie wir es nennen, immer in einem fröhlichen Zustand. Nein, nein, nein, so ist es nicht. Satchitananda bedeutet nicht nur, immer ein breites Lächeln im Gesicht zu haben. Aber wenn das Herz zu lächeln beginnt, dann seid Ihr im Innern frei. Das ist der Zustand der Seele, wisst Ihr? Die Freiheit. Und das bedeutet nicht, dass Ihr äußerlich ein breites Lächeln haben müsst, oder weinen müsst. Es spielt keine Rolle.

Zum Beispiel verwende ich immer das Vorbild von Mirabai. Sie ist so ein großes Vorbild an Hingabe. Und sie erreichte Satchitananda in ihrem Innern. Aber von Außen betrachtet war sie wie eine Verrückte! Sie war wahnsinnig verliebt in den Geliebten, nichts anderes. Sie war verrückt vor Liebe für Gott, wisst ihr. Sie hat gelacht, geweint, es war egal.

Wir singen immer "Radha, Radha, Radha", nicht? In Radhas Geist war da nur Krishna, nichts weiter. Es gab Zeiten, in denen sie wütend wurde. Sie lachte mit Krishna, sie weinte, alles, aber es kümmerte sie nicht. Denn dies ist der Bhav, der in ihr erwachte. Es ist nicht im Außen.

Einmal zum Beispiel, war Krishna auf einem Berg und Radha ging barfuß, kletterte den Berg hoch und es war sehr heiß, doch nichts machte Ihr etwas aus. Das Äußere kümmerte Sie nicht, weil Ihre Aufmerksamkeit auf Ihren geliebten Herrn gerichtet war, versteht Ihr? Sonst nichts.

Deshalb sagt man, wenn man verliebt ist, hat man weder Durst noch Hunger, nichts. Wo ist Euer Augenmerk, wenn Ihr verliebt seid? Eh? Bei dem, den Ihr liebt. Was macht er gerade? Was macht sie gerade? Wo ist er? Warum ruft er mich nicht an? Und dies und das, und das, und so weiter, und so weiter, und so weiter. Aber wenn er auf Gott ausgerichtet wird, werdet Ihr Ihn erreichen. Das ist die erste Frage, die Bedeutung des Lebens, wisst ihr noch? Haha.

●　　●　　●

REINKARNATION

Haha, der ist gut!

Ich habe von Leuten gehört, die in ihren vergangenen Leben Yogis und Heilige waren, aber nun sind sie ganz normal. Sie sind offensichtlich gefallen...

Offensichtlich.

... nun kämpfen sie sogar mit sehr elementaren menschlichen Prüfungen und Problemen. Haben sie diese Dinge vorher nicht gelernt?

Shree Peetha Nilaya, Springen, Deutschland, 10. Februar 2012

Wisst Ihr, ein Yogi und ein Heiliger zu sein, bedeutet nicht, dass jeder Yogi oder Heilige Gottverwirklichung erreicht hat.

Seht, Lahiri Mahasaya zum Beispiel, war ein sehr großer Yogi. In der Zeit als er mit Mahavatar Babaji lebte, war er ein sehr großer Yogi, aber trotzdem hatte er einen Wunsch: einen goldenen Palast zu besitzen, eine Familie zu haben. Aber deshalb kam er herab und manifestierte sich, und Lahiri Mahasaya lebte es aus. Babaji erfüllte ihm sogar seinen Wunsch, indem Er für ihn den goldenen Palast manifestierte, nur um von diesen Wunsch loszukommen. So hatte er eine Familie, nur um zu lehren, dass man sogar innerhalb der Familie das Göttliche erreichen kann.

Es geht also nicht um den Yogi oder um die Heiligen, die die Göttliche Form vollkommen verwirklicht haben, nein. Manchmal kommen Yogis wieder, aber sie sind nicht vollkommen verwirklicht. In diesem Leben tun sie dann, was sie tun müssen. Und das ist zu ihrem Vorteil, weil es wahrscheinlich nur wegen eines kleinen Wunsches ist, dass sie wiederkommen müssen, bis alles vollkommen gereinigt ist. Wenn alles vollständig gereinigt ist, brauchen sie nicht wiederzukommen.

Vielleicht waren sie so gute Yogis und Heilige, wie kann es also sein? Dies ist normal. Nein, es gibt keine schlechten Yogis oder Heilige. Alle Heiligen sind gut und alle Yogis sind gute Yogis, wisst Ihr? Es ist nur so, weil da wahrscheinlich irgendwo ein kleiner Wunsch besteht, aus vielen Leben, also verkörpern sie sich, und dann - sobald das erledigt ist - erlangen sie ihr wahres Selbst zurück.

Ich habe es schon zuvor gesagt, denkt nicht, es sei Zufall, dass Ihr alle hier – ich meine nicht nur Euch, die Ihr hier sitzt, sondern Euch alle in der Welt, die nach Spiritualität, nach Gott suchen - es ist kein Zufall. Es ist nicht nur in einem Leben.

Es ist wahr, unter Euch sind große Seelen. Unter Euch sind Yogis und Heilige aus früheren Leben. Aber in jenem Leben wart Ihr Yogis und Heilige. In diesem Leben seid Ihr hier, um den höheren Sinn des Lebens zu erreichen. Ganz sicher habt Ihr damals getan, was Ihr tun musstet.

Seht, jedes Mal wenn Ihr auf die Erde kommt, kommt Ihr aus einem Grund, Ihr kommt mit einem Ziel. Auch wenn Euch dieses Ziel vom

Verstand her nicht bekannt ist, habt Ihr dennoch eine bestimmte Aufgabe, während Ihr hier seid. Ihr werdet diese Aufgabe nur erkennen, wenn Ihr Euch vollständig in die Hand Gottes begebt. Natürlich müssen manche Seelen ihre Pflicht erfüllen, indem sie so sind, wie sie sein sollen. Deshalb sagte ich zuvor, alles *ist* perfekt wie es ist.

Die einzig wahre Sache ist, dass Ihr die Gnade Gottes erlangen müsst, sonst nichts. Der Rest ist nur ein Spiel, selbst wenn jemand ein großer Yogi oder ein Heiliger war, müssen sie die Rollen spielen, verschieden zu sein. Zum Beispiel, wenn Ihr das Leben von Krishna Selbst nehmt, alle um Ihn herum waren große Yogis und Heilige, die ein weltliches Leben spielten, nicht? Ein Leben als einfache Kuhhirten und als Kühe, Tiere zu sein, die Gopis zu sein, die *Gwalas* zu sein, aber in Wahrheit waren sie sehr fortgeschrittene Seelen, die spielten, einfach zu sein. So ähnlich ist es nun auch.

Da *sind* große Seelen, aber trotzdem haben wir noch gewisse Dinge in dieser Welt zu erledigen. Deshalb müssen sie sich hier aufhalten, in normaler Erscheinungsform – der „gefallene" Weg.

Ihr könnt das am Leben von Rama und Krishna Selbst sehen. Es ist der gleiche Herr Selbst, in zwei Verkörperungen, aber sehen diese zwei Verkörperungen gleich aus? Rama, der sehr sanft, sehr mitfühlend… sehr rechtschaffen war. Aber in der nächsten Inkarnation als Sri Krishna zerbrach Er das alles. Und das ist die Größe von Ihm. Weil Er es erschaffen kann, kann Er es auch zerstören. Er ist frei.

●　●　◉

Wenn eine Person beispielsweise im Krieg getötet wurde, warum ist seine oder ihre Seele ...

- Nun, die Seele hat kein er oder sie –

... noch für eine lange Zeit an die Welt gebunden, und warum geht sie nicht zur Wahrheit ein? Wie funktioniert das? Ich frage nicht in Bezug auf Mörder oder Selbstmörder, sondern bezüglich der Menschen, die keine Wahl hatten – zum Beispiel, in den Krieg zu gehen oder nicht.

Edinburgh, Schottland, 6. Mai 2012

Diese Frage steht in Beziehung zu ihrem Dharma. Wenn zum Beispiel jemand in den Krieg zieht, ohne eine Wahl zu haben, bedeutet es, dass er sein Dharma seinem Land gegenüber erfüllt. Den heiligen Schriften zufolge *wird* er oder sie, wenn sie ihr Dharma erfüllen, befreit – auch wenn sie im Krieg getötet werden - sofern sie es tun, um dem Land zu dienen.

Aber um auf die Frage einzugehen, es wurde gefragt, „Warum?". Sehr oft in Kriegsgebieten – ich weiß nicht, ob Ihr die Möglichkeit hattet, bestimmte Orte wie diese zu besuchen, aber ich hatte die Gelegenheit, einige solcher Orte in Frankreich zu besuchen. Das Gebiet um Verdun herum, das sehr bekannt war während der Zeit des Weltkriegs, sie hatten eine Menge Gegner aus Deutschland dort, und viele wurden getötet. Wenn Ihr in solche Gegenden geht – die Energie dort ist so *niedrig*, dass ihr es sofort *fühlt*. Nicht einmal *Bäume* wachsen an manchen dieser Plätze. Dann wird man fragen: „Warum?" Weil, seht Ihr, wenn jemand getötet wird, löst das Leiden desjenigen diesen Zustand in der ätherischen Ebene aus. Und in dieser Ebene geht es nicht um die Seele. Die Seele ist ewig frei. In dem Moment, wenn die Person stirbt, ist die Seele gegangen, aber was bleibt, ist das, was Ihr Geistformen oder Elementale nennt; diese sind aus der Angst heraus erschaffen, und manchmal sind sie sehr mächtig. Besonders, weil sie mehr Macht bekommen, wenn Menschen negativ sind.

Wisst Ihr, wenn Ihr an solche Plätze geht, welche Einstellung habt Ihr, wenn Ihr dorthin geht? Ihr habt Mitleid, Ihr seid traurig, oder? Ihr fühlt euch traurig wegen dem, was geschehen ist. Aber was ruft das schließlich in Euch hervor? Freude? Nein. Liebe? Nein. Ihr *kommt in* das Energiefeld, das an diesem Platz erzeugt wurde, das dort besteht, und umso mehr tragt Ihr dazu bei. Beachtet hier bitte eines, wir sprechen nicht über die Seele, sondern über die Energie die geschaffen wurde.

Seht, damit sich eine Seele in dieser Ebene manifestieren kann – damit eine Seele von wo auch immer sie herkommt – sich in dieser Welt manifestieren kann, braucht es eine große Menge an Energie, um hierherzukommen. Deshalb weinen Babys, wenn sie geboren werden. Sie sagen: „Was zu tun bin ich hergekommen? Meine Güte, ich muss wieder neu beginnen!" Sie betrachten das Leben, sie sehen das Leben, wie lang es ist! Und schon sind sie besorgt, "Meine Güte, warum bin ich hier?"

[Zuhörer lachen]

Aber es ist das Gleiche, wenn man den Körper verlässt. Da ist eine enorme Energie, die bewirkt, dass man den Körper verlässt. Das Gleiche, wenn man geboren wird – wenn die Seele in den Körper eingeht – und wenn die Seele den Körper verlässt. Aber dazwischen, immer wenn Leiden herrscht, Angst, Traurigkeit, ist das eine Projektion der Seele selbst. Die Energie, die die Seele in diesem Moment hat, die projiziert sie nach außen und sie bleibt in der ätherischen Ebene, sie bleibt in einer anderen Dimension, die manche Menschen sehen können. Aber die Seele ist ewig frei, und das verstehen die Menschen nicht.

Sehr oft sagen die Leute: „Ok, die Seele dieser oder jener Person ist noch da." Sicherlich habt Ihr das mal gehört, nicht? Aber tatsächlich ist es nicht die Seele der Person, weil die Seele nicht durch diese Dinge gebunden sein kann. Auch wenn die Seele wiederkommen muss, um ihre Arbeit zu beenden, wird sie in eine andere Dimension gehen. Dann, wenn die Zeit für die Seele gekommen ist, sich zu manifestieren, dann wird sie sich manifestieren.

Was Ihr in Kriegs- oder anderen Orten wahrnehmt – zum Beispiel wenn sich jemand selbst getötet hat, all das – es ist nur eine Projektion der Angst, die hervorgerufen wird. Und diese Angst ist nicht nur an solchen Orten gegenwärtig. Es geschieht auch im täglichen Leben. Wie viele Ängste projiziert Ihr jeden Tag? Wie viele Menschen haben Angst vor dem Unbekannten, vor dem Sterben? Jedes Mal, wenn Ihr über den Tod sprecht, ist das eine große Sache, nicht? Aber in Wirklichkeit ist es ein Teil des Lebens. Es ist eine große Sache, geboren zu werden! Es ist eine große Sache, zu gehen!

Aber da Ihr geboren wurdet, könnt Ihr dem Tod nicht entkommen. Deshalb spricht man in der Spiritualität davon, zu realisieren wer man ist! Was denkt Ihr, weshalb reden *alle* Religionen von der Verwirklichung, dem Erreichen oder dem in den Himmel kommen? Weil es dieses Muster unterbricht, eine gewisse Negativität zu erzeugen. Es zerbricht dieses Muster des Unbekannten. Denn, da Ihr die Seele seid, da Ihr das Atma seid, habt Ihr volles Wissen über alles in Eurem Innern. Deshalb, wann immer eine Seele von dieser Welt in die nächste übergeht, seid gewiss, dass die Seele dahin gegangen ist, wo sie hin soll.

Und natürlich vollzieht man in jeder Religion gewisse Rituale, oder bestimmte Gebete, wenn jemand stirbt. Warum tun wir das? Wir sagen doch: „Wenn die Seele frei ist, wenn die Seele bereits gegangen ist...." Vergesst nicht, dass jeder an das Gesetz des Karmas gebunden ist. Was immer Ihr hier getan habt, wenn Ihr noch nicht die karmischen Angelegenheiten erfüllt habt, dann *helfen* Gebete bei dem, was Ihr zu erfüllen hattet. Und Gebete helfen loszulassen, und befreien Euch. Dies ist die Kraft des Gebetes, wenn Ihr daran glaubt. Aufrichtig. Ihr könnt es in Euch fühlen. Ihr könnt es in jedem Moment Eures Lebens fühlen.

So, ich muss noch Fragen von anderen lesen.

• • •

Was geschieht mit der Seele eines nicht erleuchteten Menschen zwischen den Inkarnationen? Findet während dieser Zeit auch eine Evolution statt?

Möhlin, Schweiz, 21. Juni 2011

Natürlich, Evolution findet *immer* statt. Es gibt nicht einen Moment, in dem keine Evolution stattfindet.

• • •

Könnte es nützlich sein, mit Therapeuten Rückführungen in vergangene Leben zu machen?

Shree Peetha Nilaya, Springen, Deutschland, 6. Januar 2012

Warum nicht? Aber manchmal werdet Ihr depressiv werden. Also müsst Ihr stark sein, um Rückführungen zu machen. Durch Rückführung könnt Ihr eine große Depression bekommen. Nein, das ist wahr.

Stellt Euch vor, Ihr macht eine Rückführung, Ihr geht in ein Leben, Ihr wisst nicht welches Leben, wo Ihr Euch selbst als großen Verbrecher seht. Denkt Ihr, Ihr wärt auch weiterhin glücklich mit Euch selbst?! He? Nein, wärt Ihr nicht! Dann werdet Ihr fragen: „Warum habe ich das getan?" Dann werdet Ihr nicht fröhlich und ausgelassen sein. Ihr werdet eine Depression haben. Ihr müsst es Euch also gut überlegen.

Wenn Ihr stark genug seid, so was zu machen, dann *tut* es. Aber wenn Ihr nicht stark seid, wagt Euch nicht in etwas hinein, von dem Ihr nicht wisst, was es ist.

● ● ●

Können Menschen im nächsten Leben ein Tier werden oder ein Tier ein Mensch?

Shree Peetha Nilaya, Springen, Deutschland, 6. Januar 2012

Nun, wenn Ihr erst einmal ein menschliches Leben angenommen habt, ist es eher selten, dass Ihr ins Tierdasein zurückgeht. Aber trotzdem kann es passieren. Wenn Ihr zum Beispiel durch eine heilige Person verflucht wurdet oder so, dann kann es geschehen, dass Ihr ein Tier werdet.

Oder dass ein Tier ein Mensch wird? Selbstverständlich, Tiere werden durch die Entwicklung der Seele gehen müssen, also, der Entwicklung nach, durchläuft das Tier auch menschliche Körper. Um die tierischen Eigenschaften zu verbrennen, geht die Seele durch vieles. So, vom Tier gelangt sie auch zum Menschen.

●　●　●

SPIRITUELLER WEG

Befindet sich die Welt auf dem richtigen spirituellen Weg?

Edinburgh, Schottland, 6. Mai 2012

Nun, was ist der richtige spirituelle Weg?

Zuhörer: In Richtung Selbstverwirklichung.

SV: Und ob die Welt auf dem richtigen spirituellen Weg geht. Schwer zu sagen. Denn schaut, was *ist* die Wahrheit?

Zuhörer: Hat nicht jeder Mensch seinen eigenen Weg?

SV: So ist es. Wir können nicht sagen, nur unsere Wahrheit ist die Wahrheit, die Wirkliche. So kann jemand die Wahrheit woanders finden. Deshalb ist es sehr voreilig, zu sagen, ob die Welt sich auf dem richtigen spirituellen Weg befindet, denn es gibt *viele* Wege, die zum selben Ort hinführen. Also, wenn Ihr die Welt anschaut, da sind mehr und mehr Menschen am Suchen. Dies ist sehr ermutigend, so lange sie *wirklich* nach dem Göttlichen suchen. Denn sehr oft tragen Menschen ein großes Etikett auf sich, auf dem sie sich als spirituell titulieren. Dies ist heute eine weit verbreitete Sache.

Menschen mögen es, spirituell genannt zu werden. Es ist wie ein neuer modischer Trend. Es ist gut, zum Typ „Ich bin spirituell" zu gehören. Vielleicht sollte man T-Shirts machen - ich denke, die ließen sich sehr gut verkaufen, findet Ihr nicht? Doch Spiritualität ist mit den physischen Augen, äußerlich, nicht sichtbar. Es ist nicht durch das, was Menschen im Außen machen, was aussagt, ob eine Person spirituell ist, oder nicht, sondern was im Innern passiert. Das ist es, was Menschen spirituell macht.

Deshalb sagte ich vorhin, sehr oft sehen wir mehr spirituelle Menschen in der äußeren Welt, welches Menschen sind, die nicht nach *irgendetwas* suchen, als in spirituellen Kreisen. Denn in spirituellen Kreisen sagen wir: „Wir müssen bedingungslos lieben", „wir müssen Menschen helfen", „wir müssen urteilsfrei sein", doch sehr oft gibt es in der Spiritualität *so viele* Urteile! Habt Ihr das je bemerkt? Es sind so viele Urteile. Sehr oft sprechen wir über Liebe - und spirituelle Menschen sind die Ersten, die über andere Menschen urteilen. Doch dies kommt vom Standpunkt der „Religiosität", denn der Verstand will es auf die Art, wie es nach religiöser Weise zu sein hat. Spiritualität hingegen überquert den Verstand des Menschen.

Nun, die Welt befindet sich jetzt auf dem richtigen Weg, denn viele, viele Menschen suchen. Und dies ist sehr gut und sehr ermutigend. Besonders weil 2012 nahe ist - nun, wir sind ja bereits mitten drin! Es stimmt, nicht? Wisst, ich mache gerne einen Spaß darüber, denn seht, die Menschen nehmen diese Dinge zu ernst. Wisst

Ihr, ich war vor einigen Jahren in Amerika. Vor fünf Jahren? Sie nahmen es so ernst. Wenn sie so viel Ernsthaftigkeit aufgebracht hätten, sich auf Gott zu konzentrieren, wären sie schon seit langem selbstverwirklicht.

●　●　●

Wie weiß man, ob schwierige Lebenserfahrungen von Gott gegeben sind, um uns zu stärken, oder sind sie einfach von uns selbst durch unser negatives Denken geschaffen worden?

Edinburgh, Schottland, 6. Mai 2012

Ah, eine sehr verzwickte Frage! Wer kann diese Frage beantworten? Zuhörer: Beide. Es sind beide. Sie sind ein und dasselbe.

SV:	So, erzählt mir. Sehr oft kommen negative oder schwierige Lebenserfahrungen auf dem Weg. Warum?
Zuhörer:	Um einen zu testen.
Zuhörer:	Um sie zu bewältigen.
SV:	Um sie zu bewältigen. Und sehr oft liegt der Grund für diese Erfahrungen in alten karmischen Dingen. Das bedeutet, dass Dinge die Ihr nicht erledigt habt, die nicht abgeschlossen sind, dass Ihr sie beenden müsst. Ihr müsst sie bewältigen.

Es ist immer von Gott gegeben, ob es nun diese Erfahrung ist, oder nicht. Ob es schwierig ist, oder nicht. Doch sehr oft kommen Erfahrungen, um Euch stärker zu machen. Wenn Ihr sie betrachtet, geht tief in sie hinein, geht durch sie, dann werdet Ihr sehr stark sein. Doch wenn sie kommt, und Ihr gebt nach und rennt vor ihr davon, werdet Ihr immer schwach sein. Und diese Erfahrungen *werden* wieder kommen, auf andere Weise, damit Ihr sie ertragen könnt, entweder in diesem Leben, oder in einem andern Leben - und das Beste ist, etwas in *einem* Leben zu erledigen. Weshalb müsst Ihr auf ein anderes Leben warten, wenn Ihr alles in einem Leben erreichen könnt? Deshalb kommen Erfahrungen. Manchmal schöne, manchmal schwierige. Wenn die Erfahrung schön ist, dann ist es *leicht*. Alle sind fröhlich, glücklich. Man bezeichnet sie nicht als schwierige Erfahrungen, man bezeichnet sie nicht einmal als freudige Erfahrungen.

Wie ich oft sage, wenn jemand gute Erfahrungen hat, werden sie sehr oft vergessen. Wisst Ihr, wie viele gute Dinge sich in Eurem Leben zugetragen haben? Wie viele schöne Dinge in Eurem Leben geschehen sind? Wie viele Male sich Gott im Erfreulichen gezeigt hat? Doch so oft ist es so einfach, so leicht vergessen. Aber wenn sich ein schwieriger Moment in Eurem Leben ereignete - hey – dann werdet Ihr es mit Euch ins Grab schleppen! Ihr werdet immer daran denken, nicht?

So funktioniert der Verstand, darüber sprachen wir bereits vorher. Der Verstand, wie leicht er sich zum Negativen hin wendet, anstatt zum Positiven. So, wie Mataji sagte, beide sind von Gott gegeben, damit Ihr Erfahrungen macht. Sehr oft müsst Ihr auch den Verstand beobachten. Der Verstand kann gewisse Dinge erschaffen. Doch was gibt dem Verstand die Kraft, diese Dinge zu erschaffen? Wenn Ihr tiefer hineingeht, werdet Ihr erkennen, dass Gott der Geber von allem ist.

• • •

Wie erkenne ich, wann der richtige Moment ist, um Änderungen in meinem Leben vorzunehmen?

Edinburgh, Schottland, 6. Mai 2012

Die Antwort ist? Jetzt!

● ● ●

Wie wählt man Prioritäten richtig?

Edinburgh, Schottland, 6. Mai 2012

Durch Euer Empfinden. Gott hat Euch ein Herz gegeben und Er hat Empfindung gegeben. So, wann immer Ihr Prioritäten setzen müsst, fühlt mit Eurem Herzen. Und wenn es immer noch Zweifel gibt, macht es nicht, denn wenn etwas richtig *ist*, dann ist Selbstvertrauen darin vorhanden. Wenn Ihr keinen Zweifel habt, dann macht es.

● ● ●

Wie weiß ich, dass ich auf meinem spirituellen Weg vorankomme, und wie messe oder schätze ich den Fortschritt ein?

Edinburgh, Schottland, 6. Mai 2012

Einfach. Betrachtet Euer Leben wie es war, bevor Ihr den spirituellen Weg begonnen habt, und während Eures spirituellen Weges, und seht den Unterschied. Ihr werdet sehen, ob Ihr Fortschritte gemacht habt, oder nicht. Wie diesen Fortschritt einschätzen? Indem Ihr Eure Sadhana macht, indem Ihr Eure spirituellen Übungen mit tiefer Leidenschaft und Verlangen und Hingabe macht. Das ist es, was hilft.

Doch wenn Ihr Zweifel über Euren spirituellen Weg oder die Übungen habt, dann wartet ein bisschen. Stoppt Eure Übungen, wartet ein wenig und seht den Unterschied. Wie fühlt Ihr Euch? Seid Ihr glücklich? Fühlt Ihr Euch befriedigt? Dann werdet Ihr den Unterschied von selbst bemerken.

● ● ●

Wenn man darauf wartet, dass das Göttliche Spiel zur richtigen Zeit stattfindet, ist es dann am besten, in diesem unmittelbaren, brennenden Gefühl, Gott jetzt zu wollen, zu bleiben oder sollten wir annehmender sein, und entspannen?

Edinburgh, Schottland, 6. Mai 2012

(Lacht) Ihr *müsst* entspannt sein, in beiderlei Hinsicht! Seht, wenn Ihr Euch des Göttlichen Spiels bewusst seid, dann wisst Ihr, dass es in jedem Moment Sein Spiel ist. Und Ihr müsst darin entspannt und annehmend sein.

Jeden Moment tut Er Seine Arbeit. Es ist nicht so, dass Er auf einen bestimmten Moment wartet, versteht Ihr. In einem bestimmten Moment wartet Er, natürlich, um es auf klarere Weise zu offenbaren, doch Er macht *immer* Seine Arbeit. Und natürlich, wenn Ihr dieses brennende, intensive Gefühl in Euch habt, bleibt immer darin.

Es gibt ein Sprichwort...

SV: Ich habe nie davon gehört, aber.....

..."Schweigen ist Gold", und der Hiranyagarbha Lingam ist golden. Könntest Du bitte die Bedeutung von Gold erklären?

Edinburgh, Schottland, 6. Mai 2012

Wer kann mir etwas über Gold erklären? Weshalb ist Gold in allen Religionen ein Symbol von Reinheit? Weshalb?

Zuhörer: Wegen der Art und Weise wie man Gold findet.

SV: Wie findet man Gold?

Zuhörer: Man muss graben, die Erde aussieben, bis man endlich das findet, was als Gold übrigbleibt, und dann gibt es einen großen Veredelungsprozess.

Macht weiter, mehr Details! Es ist sehr wichtig zu verstehen, was er sagt. Es ist wahr. Um zu verstehen, weshalb Gold, in allen Religionen, als ein Metall mit einer sehr hohen energetischen Schwingung betrachtet wird, müssen wir die tiefere Bedeutung von Gold sehen. Doch was er gerade gesagt hat, *ist* die tiefere Bedeutung.

Was das Gold durchläuft, der Prozess wie man Gold findet, seine Reinigung, bis man schlussendlich das leuchtende Gold hat – es geht eigentlich um den spirituellen Lebensprozess. Ihr alle wisst, dass man tief im Stollen graben muss, um es zu finden, aber nachher, nachdem man Gold gefunden hat - natürlich kann man Gold auch einfach so nehmen wie es ist - doch es enthält noch immer viele Unreinheiten.

Dann wird das Gold veredelt - und wie wird Gold veredelt? Durch Feuer. Es wird komplett geschmolzen. So, wenn das Gold verfeinert ist, um es zu einem schönen Schmuckstück zu verarbeiten, muss es erneut geklopft, geformt und zu wunderbarem, feinem Schmuck verarbeitet werden.

Der ganze Prozess erinnert an die Seele - natürlich ist die Seele das Atma, sie ist immer rein, wisst Ihr? Doch wenn Ihr es betrachtet, erscheint das Leben wegen des Karmas, das Ihr durch Leben hindurch angehäuft habt, als sehr grob. Durch die spirituelle Praxis geht Ihr dann durch einen Reinigungsprozess. Oder manchmal sogar durch Feuer, bis Ihr endlich erstrahlt, so wie Christus sagte: „Wenn du ein Licht hast, versteckst du es nicht, sondern hältst es hoch, so dass du überall hin leuchten kannst." Und dies ist die spirituelle Praxis, und das Gold steht für die spirituelle Praxis selbst.

Deshalb, als die Könige zu Christus kamen, was brachten sie mit? Gold, Weihrauch und Myrrhe. Gold steht für den König, Weihrauch steht für die Menschen und Myrrhe steht für Göttlichkeit. Deshalb sagt der Priester wenn man getauft wird meistens, dass die Taufe König, Priester und Prophet bedeutet. Du wirst also in den Geist getauft, das meint den Vater, Sohn und Heiligen Geist.

Um zu unserem Gold zurück zu kommen - es erinnert daran, dass Ihr leuchten sollt wie Der, Der Ihr seid. Euer Atma, Eure Seele soll so scheinen wie Die des Vaters. Und wie wollt Ihr sie leuchten lassen? Durch die Liebe, die Ihr habt. Erstmal durch die Liebe, die Ihr für Euch selbst habt. Durch die Liebe, die Ihr für jeden habt.

* * *

Was hältst Du davon, Ayahuasca und ähnliche Pflanzen für spirituelle Zwecke einzunehmen? Ist diese Art von Erlebnis real, und bringt sie spirituellen Gewinn?

Split, Kroatien, 19. September 2011

Nun, es ist jedem freigestellt zu nehmen was er oder sie will. Ich bin gegen niemanden (Gelächter). Wenn Ihr Eure Sadhana machen könnt und wirklich meditiert, ohne *irgendetwas* wie Ayahuasca oder Pilze, werdet Ihr nicht einen illusionären Aspekt erlangen, sondern Ihr werdet zur Realität aufsteigen. Nochmals, ich sagte nicht, dass es falsch oder richtig ist, denn in Lateinamerika ist es ihre Tradition, dass sie, wenn sie unter gewisser Anleitung Kräuter nehmen, fortschreiten. Aber wenn man es nur nimmt, um einige illusionäre Gefühle von Glück zu haben, wird man nie glücklich werden. Denn man wird nur glücklich, wenn der Effekt sich entfaltet und wenn der Effekt weg ist, muss man es wieder nehmen. Je mehr man es nimmt, desto weiter geht man in diese Illusion hinein, nicht in die Realität. In Lateinamerika zum Beispiel, fangen sie so an, die Mayas und alle andern Stämme dort, sie beginnen mit einem Führer. Der Führer leitet sie durch gewisse Prozesse. In Wirklichkeit reinigt sie dieser Prozess, in welchem sie vieles erleben, Hochs und Tiefs, doch es kommt zu einem Punkt wo der Führer sagt: „Stopp jetzt, von nun an kannst du es ohne machen." Wenn Ihr es dafür nehmt, ist es kein Problem. Es ist eine Lebenserfahrung. Und wenn Ihr einen richtigen Führer habt, der Euch kraftvoll darin anleitet, dann ist es Euch überlassen. Aber noch einmal, es ist, wie ich schon sagte, besser, von Anfang an nach dem echten Ding zu streben. Auch dann, wenn das Göttliche sich nicht offenbart, wenn Ihr meditiert, verliert nicht die Hoffnung. Sagt niemals, dass Er nicht da ist. Tatsächlich sitzt Er da und wartet auf Euch. Sogar schon [lange Zeit] *bevor* Ihr auf Ihn wartet. Bevor Ihr nach Ihm sucht, hat Er bereits nach Euch Ausschau gehalten.

* * *

Wenn man das Leben von Heiligen und auch Meistern betrachtet, sieht man, dass bei all der Liebe und all dem Guten, das sie der Welt geben, es immer mehr oder weniger Leute in einer Bewegung gibt, die sie schlecht nennen und diese Diener Gottes kritisieren. Was ist diese Maya und weshalb fallen Menschen in die Falle? Was geschieht mit diesen Seelen, die Meister beleidigen, auch aus Unverständnis heraus?

Edinburgh, Schottland, 6. Mai 2012

Nun, schaut, wann immer Ihr Gutes tut, müsst Ihr damit rechnen, kritisiert zu werden. Und wann immer Ihr dient, müsst Ihr damit rechnen. Das ist Teil des Lebens.

Wisst Ihr, wie ich gestern, während Chathurti, sagte: um jemanden zu ändern, um jemanden gut zu machen, müsst Ihr der Person eine Sache *lang* erklären. Zum Beispiel: Roshan, wenn du Atma Kriya lehrst, wieviele Male musst du über das Gleiche sprechen? Um jemanden gut zu machen, müsst Ihr viel mit der Person sprechen, um es dieser Person zu erklären. Ihr müsst die Person überzeugen, um sie auf den Weg zu bringen, bis sie zufrieden ist. Doch um sie negativ zu machen braucht es nur ein paar Sekunden! Ihr braucht nur etwas zu sagen, das ihrer Logik nicht entspricht - und schon ist es geschehen.

Das ist, weil Menschen Etiketten auf allem haben. Sie haben Stolz. Sie sagen: „Dies muss so sein, denn ich weiß es besser!" Denn wenn es so ist „wie ich es kenne", ist es besser, ist es sehr gut. Und sobald es nicht in diese Schublade passt, ist es falsch.

Ihr seht das überall, wann immer Ihr einen Weg geht, der sich unterscheidet von dem, was Menschen verstehen. Sagen wir mal, wenn Ihr auf einem spirituellen Weg geht, sobald Ihr einen spirituellen Weg findet, wieviele Menschen überzeugen Euch, diesem Weg nicht zu folgen? Viele Menschen! Sie werden Euch hunderte und tausende von Gründen nennen!

Wie so oft, wann immer Ihr in der Welt seid, da draußen, wisst Ihr,, gibt es viele Menschen, die, wenn Ihr sie unterhalten, sie glücklich machen, erfreuen, könnt, dann habt Ihr viele Freunde. Doch wenn Ihr spirituell werdet, habt Ihr sehr *wenige* Freunde, denn die alten Leute, sie denken, dass Ihr ein wenig verrückt geworden seid. „Er folgt XYZ, weißt du, er folgt und macht Yoga, meditiert, all diese Dinge. Da stimmt etwas nicht hier, in seinem Kopf", denn es entspricht nicht dem, wie sie über das Leben denken! Denn für sie läuft das Leben nur auf eine bestimmte Weise. Und wenn sie nicht verstehen, werden sie negativ. Es ist, wie es ist.

Wie zum Beispiel, wenn Ihr nach Hause geht, Eure Zeitung nehmt - wie viele gute Dinge seht Ihr darin? Ihr habt jeden Tag eine Zeitung, Nein? Wieviele gute Dinge seht Ihr in der Zeitung? Auf der Titelseite geht es *immer* um schlimme Dinge, die passiert sind. Natürlich, Menschen schwelgen so viel im Negativen, dass der Verstand angefüllt ist mit soviel Negativität. Deshalb ist es *leicht* für sie, Negativität aufzunehmen. Und wenn Ihr Positives bietet, wollen sie es nicht annehmen. Sie sagen: „Ok, ja, gut, gut, Schluss."

Ich habe im Zug gelesen. Es gibt da einen Heiligen, namens Charbel. St. Charbel von Libanon. Habt Ihr von ihm gehört? Nein. Er ist tatsächlich ein erstaunlicher Heiliger.

Seht, *so* viele wunderbare Dinge geschehen in dieser Welt, von denen niemand etwas hören will. Nur einige wenige Leute, wisst Ihr, die daran *interessiert* sind, werden danach Ausschau halten. Sie werden davon erfahren. Sie werden tiefer hinein gehen. Doch stellt Euch vor, diese wunderbare Sache wäre auch zur Außenseite gesendet worden, genauso wie das Negative - was wäre die Reaktion? Natürlich, einige würden es glauben und andere würden es nicht glauben, denn wann immer man eine Zeitung zur Hand nimmt, in welcher man als erstes sieht, dass dieser Terrorist dieses und jenes gemacht hat - was ist die Reaktion darauf? Jedermann wird negativ: „Oh du meine Güte, dies und das und jenes", doch dadurch, durch das negativ werden, ist es viel einfacher Euch zu kontrollieren. Und das ist es, was Menschen immer machen. Durch Negativität können sie Euch kontrollieren, Euch *weiter* negativ machen. Und je negativer Ihr werdet, umso leichter seid Ihr in ihrem Griff.

Um zu dem Heiligen, Charbel, zurückzukommen, eines der schönen Wunder, die geschahen, war diese Dame - sie war gelähmt - Hände, Füße, Mund, Gesicht, wisst Ihr. Ich weiß nicht mehr für wieviele Jahre. Die Ärzte sagten, sie würden sie operieren. Nun, in der Nacht betete sie und dann schlief sie ein. Sie hatte einen Traum mit zwei Mönchen, die nebeneinander standen und sie sagten zu ihr: „Wir werden dich heute operieren", und natürlich war sie geschockt. Sie sagte: „Ok, wie wollt ihr operieren? Der Arzt sagte, sie würden nicht vor nächster Woche operieren." Und sie (die Mönche) sagten nur: „Ok, keine Sorge." Einer von ihnen gab ihr etwas Wasser zu trinken, und sie sagten: „Wir werden dich operieren." Sie begannen die Frau dort zu berühren, wo sie operiert werden sollte. So, dann sagten sie: „Nun, du bist jetzt in Ordnung. Wir haben operiert, wir haben getan, was wir zu tun hatten. Wir müssen gehen." Dann verschwanden sie.

Sie wachte auf und während sie aufwachte, wurde sie geheilt, ihre gelähmten Hände, Füße. Ohne es zu bemerken, bewegte sie ihre Hand, alles, wisst Ihr. Sie berührte ihren Hals, um zu *schauen*, wo der Heilige sie operiert hatte. Und sie saß im Bett – *jahrelang* hatte sie nicht mehr gesessen, ihr Ehemann hatte sich um sie gekümmert. Und nun saß sie. So rannte sie schnell zu ihrem Ehemann, um ihm zu sagen, dass die Heiligen sie operiert hatten, sie machte das Licht an, und ihr Mann sagte, als er sie sah: „Was tust du, stehst du hier? Du solltest liegen, du bist krank!" Und sie sagte: „Nein nein, nein, nein, die Heiligen sind gekommen und haben mich geheilt!" Der Mann wurde ohnmächtig. Sie ohrfeigte ihn einige Male, um ihn aufzuwecken. Und natürlich waren sie sehr, sehr glücklich. Sie ließen es alle wissen, und gingen also zur Grabstätte des Heiligen. Beachtet eine Sache, Charbel starb im Jahre 1898 und dieses Wunder geschah 1993.

So, Dinge wie diese, auch wenn es nur eine Person betrifft, wieviel hört Ihr darüber? Sehr wenig. Es braucht etwas, manchmal *Großes*, wie eine Katastrophe, damit Menschen begreifen und sich ändern. Das ist traurig. Aber das ist es, woran Menschen hängen. Immer das gleiche - durch Negativität werden sie immer negativer. Deshalb muss man standhaft in sich selber bleiben.

● ● ●

In der *Autobiographie eines Yogi* heißt es, dass ein Mensch, der eine bestimmte Entwicklungsstufe erreicht hat, ein neues Universum erschaffen könne. Was ist die Erschaffung eines neuen Universums und welche Verbindung besteht zum Hiranyagarbha Lingam?

Satsang mit russischen Devotees
Shree Peetha Nilaya, Springen, Deutschland, 6. März 2011

Das Universum - dieses Universum ist ziemlich groß, nicht? Wie groß ist ein Universum?

Zuhörer: Unendlich.

Unendlich? Nein. Nichts, was geschaffen wurde, ist unendlich. Und darüber weiß der Yogi Bescheid. Irgendwo gibt es ein Ende.

Nehmen wir zum Beispiel einen Shiva Lingam: Weshalb hat er die Form von einem Ei? Wir sagen, dass alles, was manifestiert wurde, einen Anfang und ein Ende hat. Wobei ein Lingam weder einen Anfang noch ein Ende hat. Ihr könnt jeden Punkt nehmen - es geht rund und rund herum - Ihr könnt Euer ganzes Leben damit verbringen, ein Ende davon zu finden, weil er rund ist. Nun, das Universum *hat* ein Ende, denn es wurde erschaffen, wohingegen ein Lingam, der Hiranyagarbha Lingam, eine *Manifestation* ist. Er wurde nicht erschaffen, denn wenn er verschwindet, geht er dorthin zurück von wo er herkommt.

Es ist wahr. Entsprechend der Frage muss man wirklich auf einem sehr hohen Entwicklungsstand sein, um fähig zu sein, ein Universum zu erschaffen. Aber wenn Ihr es betrachtet, jeden Tag erschafft jeder sein eigenes Universum, nur in Miniaturform. Das Gleiche mit dem Hiranyagarbha Lingam. Auch wenn wir das Universum in Miniaturform sehen.

Auch dafür, dass er hier in die Manifestation heraus kam, gibt es einen Grund. Und dieser Grund wird in naher Zukunft Ergebnisse hervorbringen, nicht jetzt. Er hat gewisse Dinge erschaffen. Wer hat mir diese Frage gestellt? Ah Du. Dies wird später zu verstehen sein. Du wirst es verstehen, wenn Du die Welt in der Zukunft siehst.

Wir sprechen jetzt über den Hiranyagarbha? Wisst Ihr, wenn ich über das Universum spreche, sagen die Leute, es sei endlos. Seht, die Yogis, als sie im ganzen Universum umher reisten, wisst Ihr wie sie es gemacht haben? Wie machten sie es?

Hey, Du, Mataji N.! Du bist so sehr in Deinem Verstand, sag es mir!

Zuhörer (Übersetzer): Sie hat keine Ahnung. Sie sagt, sie überlasse das Dir.

SV: Wie demütig.

Zuhörer: [Lachen]

Zuhörer (Übersetzer): Diese Frage ist nicht für unseren Verstand.

SV: Eh? Aber warum wollt Ihr es dann mit dem Verstand verstehen?

Zuhörer: [Lachen]

Zuhörer (Übersetzer): Einfach um eine nette Konversation zu haben.

Haha. Wisst Ihr, eigentlich ist es ganz einfach. Die Yogis reisten nicht äußerlich, denn seht, wenn sie um die Welt gereist wären, wie glaubt Ihr, dass Veda-Vyasa die Veden geschrieben hat? *Indem er an einem Platz gesessen hat, ist er überall hin gereist!* Nein, er ging nicht nach draußen, er ging in sich. Und wenn er in sich ging, sah er seinen Körper als einen kosmischen Körper, nicht als den physischen Körper.

Dies ist die ganze Wandlung, die Christus zeigte, nicht? Den kosmischen Körper. Und Shiva repräsentiert das auch - es ist Shivaratri, nicht? Shiva repräsentiert auch diesen kosmischen Körper. Wenn wir Shiva betrachten, sehen wir, dass ein Mond auf Seinem Kopf ist. Wann seht Ihr den Mond? Ihr seht den Mond nicht tagsüber! Er ist in der dunklen Nacht da - der obere Teil des Körpers - und der untere Teil Seines Körpers repräsentiert Licht, Tag. Somit zeigt Er, dass innerhalb Seines eigenen Körpers alles ist.

Innerhalb unseres Körpers ist das ganze Universum gegenwärtig - es geht nicht darum umher zu fliegen – sondern nach innen zu gehen. Deshalb wurde gesagt, *geht in Euch*, geht nicht nach außen, denn wenn Ihr Euch nach außen richtet, fallt Ihr in die Illusion. Aber wenn Ihr Euch nach innen wendet, seht Ihr das *Endlose* in Euch selbst. Denn wenn wir „Gott" sagen, dann bezieht Gott alles mit ein, die Schöpfung - das was geschaffen, manifestiert ist, was Sargun Brahma genannt wird, und es enthält auch das Nirguna Brahma, welches das Unmanifestierte ist.

Es ist, wie wenn Ihr eine Süßigkeit nehmt – es gibt eine Vielzahl von Süßigkeiten. Rasgulla, Lubjam, verschiedene Süßigkeiten – aber die Essenz von allen ist Zucker. Es ist dasselbe: Die Essenz Eures Selbst ist Göttlich, ist Gott. Auch wenn es in der manifestierten Form unterschiedlich erscheint. Die Essenz ist Eins, es gibt nur Ein Atma.

Wie ich schon immer sagte, wenn jetzt auf einen Schlag alle sterben würden, genau jetzt, würden alle Atmas Eins werden. Es ist wie – habt Ihr schon mal eine Wasserlilie gesehen? Die Blätter, wisst Ihr, die großen Blätter? Wenn viele Wassertropfen darauf sind, was geschieht dann mit ihnen? In einer einzigen Bewegung kommen alle zusammen und bilden einen großen Tropfen. Das gleiche passiert, wenn die Bewegung äußerlich geschieht. Sagen wir mal, wenn etwas im Außen passiert, würden alle Eins werden.

Doch die Frage würde auftauchen, „Aber was ist mit dem Karma?" Gut, ich denke jetzt für Euch, nicht? Seht, wenn etwas auf natürliche Art geschieht, bedeutet das, dass sich Gott manifestiert, oder die Seele erschafft gewisse Dinge in die Erscheinungsform einer bestimmten Realität, so bedeutet das Verlassen dieser Ebene, dass die Arbeit, für die Eure Seele hierher gekommen ist, erledigt ist.

Lasst uns zum Beispiel sagen, es gibt eine Katastrophe, viele Menschen sterben, alle miteinander. Das bedeutet, dass diese Seelen auf eine andere Ebene wechseln müssen. Ob sie in eine andere Sphäre ziehen müssen, um eine andere Wahrheit zu erkennen, oder sie etwas zu lernen haben, sie sind eine Gruppe von Seelen, versteht Ihr? Bis sie Eins werden, bis sie realisiert haben, dass sie Eins sind. Es ist das Gleiche mit der Erschaffung einer andern Welt, oder der Erschaffung eines andern Universums, es reflektiert die Stärke von dem, was Ihr in Euch habt. Wenn Euer Wille stark genug ist, ähnlich dem Göttlichen, könnt Ihr alles erschaffen. Wie wäre es mit einem Universum? Ihr könnt auch ein Universum erschaffen.

Vishwamitra – ich habe Euch die Geschichte von Vishwamitra erzählt. Es war da ein König, der große Angst vor dem Sterben hatte. Er war ein guter Freund von Vishwamitra. Vishwamitra ist der, welcher das Gayatri Mantra verbreitete – er ist berühmt wegen des Gayatri Mantras. So, was machte er? Die Götter wiesen den König mit seinem Körper im Himmel ab. Sie sagten: „Nein, es ist unmöglich." So, was tat Vishwamitra? Er erschuf einen anderen Himmel und brachte ihn dorthin. So mächtig war er, wisst Ihr. Dasselbe, wenn man aufsteigt, entwickelt man diese Qualität. Aber dies ist nicht das Hauptziel des Menschen. Das Hauptziel des Menschen ist, das Göttliche zu erreichen. Zuerst erreicht Ihr den göttlichen Zustand. Zweitens müsst Ihr die göttliche Eigenschaft erlangen. Drittens befreit Ihr Euch von der Eigenschaft aller Dualität. Und dann erreicht Ihr das Göttliche vollkommen.

● ● ●

Wenn ein Mensch in Samadhi gewesen ist und zurück in den Körper kommt, bleibt dann eine Erinnerung an diesen Zustand, oder ist es wie ein tiefer Schlaf? Wie nach dem Schlafen, wo wir wissen, dass wir geschlafen haben, aber wir keine Erinnerung an irgend etwas haben – wir sind einfach zurück.

Möhlin, Schweiz, 21. Juni 2011

Nun, wenn Ihr in Samadhi seid, seid Ihr voll bewusst. Euer Bewusstsein ist hellwach. So auch, wenn Ihr zurückkommt, wenn Ihr außerhalb von Samadhi seid, Ihr realisiert alles. Ihr erinnert Euch an alles. Seht, wenn Ihr in Tiefschlaf seid, reist Ihr, doch Euer Verstand kann dies noch nicht begreifen. Euer Verstand ist auf ein gewisses Verstehen beschränkt. Wenn Ihr hingegen in Samadhi seid, ist Euer Bewusstsein voll entwickelt. Voll erwacht. Also auch, wenn Ihr daraus herauskommt, seid Ihr dennoch darin.

Jemand, der wirklich in den Zustand des Samadhi eingetreten ist, ist sich seiner wahren Natur ständig bewusst. Da gibt es also keinen Punkt, an dem er draußen oder drin ist. In Worten würden wir sagen, ja, wir sind raus, oder drin, damit es die Menschen verstehen, aber in Wirklichkeit seid Ihr die ganze Zeit darin. Was immer Ihr tut, Ihr macht es mit völligem Bewusstsein. Deshalb ist man immer in diesem Zustand, weil immer diese kosmische Liebe durch dich hindurch fließt.

• • •

Gibt es noch andere wichtige Punkte neben einem spirituellen Namen, dem Ishtadev, dem Guru-Mantra, der Disziplin und Bhakti, um schnell zu einem offenen Herzen zu kommen?

Möhlin, Schweiz, 21. Juni 2011

Ja. Liebe. Und Geduld. Die sind das Beste.

• • •

Wie können wir sicher sein, dass wir die richtige Entscheidung treffen und wie können wir das im täglichen Leben machen?

Shree Peetha Nilaya, Springen, Deutschland, 10. Februar 2012

Wie Ihr sicher sein könnt, dass Ihr die richtige Entscheidung trefft, ist, wenn Ihr keinen Zweifel mehr habt. Ihr seid Euch vollkommen bewusst, dass es richtig ist. Da gibt es keine Fragen mehr. Normalerweise, wenn Ihr zuerst auf Eure innere Stimme hört, die in Euch erwacht, diese innere Stimme, die zuerst erwacht, ist immer richtig. Und wenn Ihr anfangt, ihr jeden Tag zu folgen, werdet Ihr in der Lage sein, sie täglich zu gebrauchen. Doch wenn Ihr anfangt, die Vernunft zu gebrauchen, dann wisst Ihr ja, wie das ist.

● ● ●

Wie unterscheidet man richtige Handlung von falscher Handlung?

Shree Peetha Nilaya, Springen, Deutschland, 10. Februar 2012

Wie unterscheidet man das? Das ist leicht.

Nein? Das ist es: Schuld.

Wenn Ihr etwas Gutes tut, dann ist eine gewisse Freude in Euch und wenn Ihr etwas Falsches tut, fühlt Ihr Euch schuldig. Und das wisst Ihr!

● ● ●

Wenn man den Zustand des Nicht-Urteilens erreicht, andere nicht mehr zu loben oder zu kritisieren, kann man dann immer noch normal funktionieren in dieser Welt?

Shree Peetha Nilaya, Springen, Deutschland, 10. Februar 2012

Ja, natürlich.

"Wie können wir diesen unbekümmerten Zustand im täglichen Leben umsetzen?" Versucht, mehr *dem* Gewicht zu geben, was Ihr in Eurem Herzen fühlt.

●　●　●

Was ist mit der Erbsünde gemeint?

Shree Peetha Nilaya, Springen, Deutschland, 10. Februar 2012

Was mit der Erbsünde gemeint ist, ist, wenn man seine Göttlichkeit vergisst, und denkt, man sei völlig menschlich. Man vergisst Gott und denkt, dass man einfach ein menschliches Wesen ist. Das ist es, was mit Erbsünde gemeint ist.

●　●　●

Was ist die größte Herausforderung für die meisten Menschen auf dem spirituellen Weg?

Shree Peetha Nilaya, Springen, Deutschland, 10. Februar 2012

Die größte Herausforderung für Menschen auf dem spirituellen

Weg ist der spirituelle Stolz, denn spiritueller Stolz kann jemanden, der auf spirituellem Gebiet recht weit fortgeschritten ist, sehr tief fallen lassen.

● ● ●

Warum prüft Gott Seine Devotees dauernd?

Shree Peetha Nilaya, Springen, Deutschland, 10. Februar 2012

Weil Er Euch dazu bereit macht, Ihn zu erreichen. Deshalb testet Er seine Devotees gerne. Durch die Prüfung werdet Ihr stärker.

Bisher freilich, anstatt Euch zu überlassen und Euch in Seine Hände zu begeben, was macht Ihr? „Ahhh! Gott richte mich auf!" Was Ihr macht? Anstatt Euch in Seine Hände zu geben, ergebt Ihr Euch in Euer ...? Eh? In Euer Elend! Also, was erwartet Ihr, das wachsen soll, Euer Elend oder Gott? Eh?

Seht, Gott ist Liebe und worauf auch immer Ihr das Göttliche fokussiert, worauf auch immer Ihr Liebe richtet, worauf auch immer Ihr Eure Aufmerksamkeit richtet, das Göttliche wird es verstärken. Und wenn Ihr es auf Eure Sorgen richtet, erwartet nicht, dass Eure Sorgen weniger werden. Wenn Ihr es auf Euren Schmerz richtet, erwartet nicht, dass Euer Schmerz weniger wird. Nein, es wird mehr. Aber es ist nicht Gott, Ihr seid es, die das macht.

In diesem Zusammenhang müssen wir etwas verstehen. Wenn wir über Gott sprechen, das Höchste Wesen - vom Verstand her denken die Menschen immer, dass Gott nur gut sei. Doch wie kann Er Gott sein, wenn Er nur Gutes in sich hat? Wie kann Er, Gott, nur Gutes haben? Sagt es mir. Er ist alles! Er ist das Gute, Er ist das Schlechte.

Aber vor allem ist Er jenseits von allem. Gott ist nicht nur gut. Er ist der Schlimmste und Er ist der Beste. Er steht über diesen beiden Qualitäten.

Diese beiden Qualitäten, gut und schlecht, sind, was die Menschen verstehen. Etwas ist gut, etwas ist schlecht. Und dann erwarten die Leute immer, dass Gott auf die gleiche Weise denkt. *'Weil ich gut bin sollte Er mich mehr lieben. Weil mein Nachbar schlecht ist, liebt Gott ihn nicht.'* Nein! Gott liebt alle gleich. Doch es kommt auf Euch an, Eure Ausdrucksform Ihm gegenüber. Er ist die Reflektion Euch gegenüber. Das zeigt den Unterschied.

Deshalb sagte ich, dass es leicht ist, Ihn mit Euren guten Eigenschaften zu lieben. Deshalb müsst Ihr mehr von Euren guten Eigenschaften entwickeln, anstatt die schlechten Eigenschaften. Das heißt nicht, dass jemand, der schlechte Eigenschaften hat, Gott nicht lieben kann. Es gibt viele Menschen, die keine guten Eigenschaften haben, die Gott lieben. Aber sie lieben Gott auf ihre eigene Weise.

Um auf die Frage zurück zu kommen, weshalb Gott Seinen Devotees Prüfungen auferlegt, es ist auch, um festzustellen, wo Ihr steht. Ich werde Euch ein einfaches Beispiel erzählen. Ich war in Mauritius als jemand zu mir kam: „Oh Swamiji, wir haben die Kunst des Sterbens gemacht." Ich saß im Sessel, und hörte "die Kunst des Sterbens", und ich sagte geradeheraus: „Wow, ihr habt die Kunst des Sterbens gemacht? Wunderbar! Was ist das?"

Mit einem sehr akkuraten Ausdruck sagte sie: „Für uns... spielt es keine Rolle. Weißt Du... Wir stehen über allem. Weißt Du, wir haben unsere Seele verwirklicht, wir sind ewig." Und so weiter, und so weiter.

Ich saß da, sehr beeindruckt und sagte: „Entschuldige mich, das ist ja gut, ihr steht über allem, es ist Euch egal. Hier ist deine Tochter. Ich kann das Leben aus ihr herausnehmen, einfach so. Soll ich das machen? Ich kann es machen, es ist leicht für mich. Du wirst dann keinen Schmerz fühlen? Denn du bist ja tot! Also mache ich es?" „Nein, nein, nein, nein. Aber meine Verbundenheit ist immer noch da!"

„Nun, was ist diese ‚Kunst des Sterbens'? Hast du je gesehen dass Tote irgendwelche Bindung haben? Nein. [lachend]. Warum sprichst du dann über all diese Dinge? Wenn du wirklich für diese Welt gestorben bist, dann kümmert dich diese Welt nicht mehr. Das ist vollkommene Hingabe. Dann spielt es keine Rolle, was geschieht, was die Welt macht, dann kannst du in Erwägung ziehen, dass du wirklich für diese Welt gestorben bist."

SV: Ja, Mataji. Was ist Deine Frage? Ich spreche über etwas und Du fragst jetzt gerade etwas anderes. Stelle Deine Frage vollständig, um was es Dir genau geht.

Mataji: Ok, ich versuche es. Du hast bezüglich der Toten, der toten Menschen gefragt – ob sie irgendwelche Bindungen haben. Ich denke dass, meine Erfahrung ist, dass es manchmal...

SV: Nein, warte, entschuldige. Sprichst Du über die Seele oder sprichst Du über den Körper?

Mataji: Ja, ich spreche über die Seele.

SV: Es sind zwei verschiedene Dinge über die ich jetzt gerade spreche.

Mataji: Ok. Ich möchte einfach gerne wissen, vielleicht, weißt

Du, ich bin...

SV: Nein, das worüber ich spreche...

Mataji: Ich spreche über Illusionen von mir selbst, weißt Du? Ich denke, dass vielleicht Seelen manchmal verhaftet sind, immer noch verhaftet sind.

SV: Ja, aber ich spreche über den Körper. Wenn der Körper tot ist, ist er noch an etwas gebunden?

Mataji: Nein

SV: Ah.

Mataji: Ok, danke.

SV: Auf der *menschlichen* Ebene, wir sprechen jetzt gerade darüber. Das gewöhnliche Sterben. So, seht Ihr, kann man viele Dinge sagen. Aber dies sind auch Prüfungen. Ihr müsst zur Aufrichtigkeit finden.

● ● ●

Weshalb ist es so schwierig, Gott zu erreichen?

Shree Peetha Nilaya, Springen, Deutschland, 10. Februar 2012

Nun, die Frage ist leicht zu beantworten – weil Ihr so anhänglich an die Welt seid. Und weil Euer Verstand so aktiv ist. Deshalb ist es sehr schwer, Ihn zu erreichen.

● ● ●

Liebster Guruji, wenn wir Dir alles geben und überlassen wollen, alle Beziehungen in der Welt aufgeben und uns nur auf Gott und den Guru ausrichten wollen, wie können wir überwinden, uns einsam zu fühlen? Wie können wir Gott in uns selbst fühlen und daher die Beziehung zu Ihm entwickeln und fühlen, dass Er immer bei uns ist?

Shree Peetha Nilaya, Springen, Deutschland, 10. Februar 2012

Nun, zu Beginn der Frage, ´wenn wir alles geben und überlassen´ wollen. Wenn Ihr alles gegeben und überlassen habt, worum habt Ihr Euch dann zu sorgen? Wenn Ihr Euch ergeben habt, solltet Ihr Euch um nichts mehr sorgen. Alles hat seine eigene Zeit.

Und wenn überhaupt ein Gefühl der Einsamkeit da ist, lauft zum Göttlichen. Lauft in den Tempel. Und sprecht mit Ihm! Lauft, in Euch hinein, und schaut: Seid Ihr wirklich alleine? Seid Ihr wirklich je alleine gewesen? Ich lache immer über diese Frage, denn wenn Ihr erkennt, wie viel ringsherum ist, wie viel in der parallelen Welt zu dieser ist, die um Euch herum ist, dann werdet Ihr niemals sagen, dass Ihr alleine seid.

Wenn Ihr erkennt, dass Gott bei Euch ist, wenn Ihr zu Euch selbst sagt: „Gott ist mit mir", und Ihr wisst, dass Gott mit Euch ist, wie könnt Ihr dann sagen, dass Ihr alleine seid? Dann müsst Ihr an Eurem Vertrauen arbeiten. Ihr müsst daran arbeiten, wirklich mehr von dieser Eigenschaft zu entwickeln, zu wissen, dass Gott allezeit bei Euch ist. Manchmal muss Er zeigen, dass Er nicht da ist, so dass Ihr Euch nach Ihm sehnen könnt. Wenn Er jedes Mal, wenn Ihr Ihn wollt, da ist, werdet Ihr das nie wertschätzen. Doch wenn Ihr nach

Ihm ausschaut und Er ist nicht da, werdet Ihr gleich erkennen, was Ihr verloren habt. Dann sehnt Ihr Euch noch mehr danach.

Und in der Tat, Ihr seid nicht alleine. Der Schmerz, welcher im Herzen erwacht , zu fühlen, dass Ihr alleine seid, ist eigentlich das Verlangen nach mehr und mehr. Deshalb erwacht dieser Schmerz. Denn Er will Euch ganz. Er will nicht nur die Hälfte von Euch, Er will nicht nur einen Viertel von Euch, Dreiviertel von Euch, 75 Prozent oder 89 Prozent oder 99,9 Prozent. Nein, Er will 100 Prozent.

Also, wann auch immer Ihr das Gefühl habt, alleine zu sein, behaltet es im Hinterkopf, dass Er neben Euch steht und in diesem Moment über Euch lacht und sagt: „Schau Dir das an, wie töricht kann diese Person sein? Ich bin hier, bei ihm, bei ihr und trotzdem fühlt sie sich allein."

Nein, meine Lieben, niemand kann jemals in dieser Welt allein sein. Selbst wenn man denkt, dass man allein ist. Wenn Ihr wirklich das Sehvermögen habt, ringsherum zu sehen, ringsherum ist es voll. Es gibt keinen einzigen Zwischenraum zwischen Euch, welcher nicht voll ist. Es ist Leere aus der Sicht der physischen Augen, doch es ist voll aus der Sicht der inneren Augen. Überall herum – nicht nur hier unten. Überall.

●　●　●

Was ist der beste Weg, der schnellste Weg, uns unserer Seele bewusst zu werden in dieser Zeit?

Belgrad, Serbien, 22. September 2011

Geduld. Ich sagte das in Kroatien, alle wollen alles schnell, schnell, schnell. Seht Ihr, sehr oft fahrt Ihr sehr schnell auf der Autobahn und dann habt Ihr die Ausfahrt verpasst. Dann wisst Ihr, dass Ihr einen längeren Weg fahren müsst, um zurück zu kommen, nicht? Also, mit Geduld, überlasst Euch dem Göttlichen. Singt, rezitiert Seine Göttlichen Namen. Dann werdet Ihr gewinnen – auf schnelle Weise.

● ● ●

Lieber Swamiji, was ist der beste Weg, um eine Brücke zu schlagen zwischen den inneren und äußeren Welten, in denen wir jetzt leben? Nicht, um von diesem irdischen Leben fern zu sein, sondern um auch in der inneren Welt präsent zu sein und sich ihrer bewusst zu sein?

Belgrad, Serbien, 22. September 2011

Erinnert Euch kontinuierlich an das Göttliche. Das wird Euch helfen, hier in dieser äußeren Welt zu sein und zur gleichen Zeit *auch* in der inneren Welt zu verweilen.

Seht, Gott hat Euch dieses Leben hier gegeben, um Ihn zu verwirklichen – um Ihn zu erreichen. Ihn in Eurem Leben zu finden, nicht? Und wenn Ihr Ihn noch nicht gefunden habt, ist das Leben nutzlos. Wenn Ihr nicht realisiert, dass Gott die *ganze* Zeit über mit Euch lebt, wo immer Ihr seid, was immer Ihr tut – es ist nur Seine Gnade - dann ist das Leben nutzlos. Wenn dann die Zeit kommt sich zu verabschieden, blickt Ihr zurück und sagt: „Was habe ich im Leben gemacht?", und die Seele wird sagen: „Oh du meine Güte, ich muss wieder zurückkommen. Gott hat mich hierher gesandt, um Ihn zu gewinnen, doch ich habe meine Zeit in der äußeren Welt verschwendet, mich sorgend, in Angst, mich quälend, anstatt Ihm zu *vertrauen*, mich Ihm *zu überlassen*." Dann muss die Seele zurückkommen.

Der Herr verlangt nie von Euch, die Welt zu verlassen, wirklich, wisst Ihr - '*Ihr müsst Eure Arbeit sein lassen*` - Nein. Sogar in der Gita sagt Er: „Erfüllt Eure Pflicht ordentlich, aber überlasst alles Ihm." Also, wenn Ihr wirklich nicht die ganze Zeit an Ihn denken könnt - weil der Mensch immer im Außen beschäftigt ist, nach links und rechts wandernd - so findet wenigstens ein bisschen Zeit während des Tages, und während dieser Zeit vergesst die Welt und seid ausschließlich mit Ihm. Und wenn Ihr nachts keine Zeit habt Eure Gebete oder Eure Sadhana zu machen, so denkt kurz bevor Ihr zu Bett geht an Ihn und reicht Ihm alles dar, was Ihr während des Tages gemacht habt. Es ist so einfach.

Wenn Ihr das *aufrichtig* tut, werdet Ihr erkennen, dass die äußere und die innere Welt nur Seine Gnade, Seine Maya, sind. Er hat das Leben auf solche Weise gestaltet.... Er ist erstaunlich, wisst Ihr? Die Menschen denken immer, dass *sie* Dinge tun. In Wirklichkeit hat Er *alles* vorab geplant. Er hat alles getan. Er hat es geplant – wann Ihr Ihn erreichen werdet, was Ihr zu tun habt. Natürlich, einige Menschen bleiben Ihm wegen ihres früheren Karmas immer noch *sehr* fern, doch wenn Seine Gnade kommt, erwacht Er in Euch und bringt Euch auf den rechten Pfad, bringt Euch auf den Weg, wo Ihr hingehört. In der Außenwelt ist nur Er, und die Innenwelt ist nur Er; wie kann da also irgendein Unterschied sein?

Doch dies – Ihr müsst es wirklich realisieren. Ihr müsst auf diese Weise darüber denken. Ihr müsst Euch trainieren, Ihn zu *sehen*. Oft sagen Leute, dass sie in guten Zeiten sehr glücklich sind. Dann denken sie: „Oh, Gott ist mit mir, ich bin glücklich", und in schlechten Zeiten sagen sie dann auch: „Gott ist nicht bei mir, deswegen, Gott, habe ich gerade eine schlechte Zeit." Es ist nicht Gott, der nicht bei Euch ist. Es ist Euer Verstand, der nicht bei Ihm verweilt. Wenn Euer Verstand in der Begrenzung verweilt, bei eingeschränkten Dingen, dann werdet Ihr natürlich nur diese Begrenztheit erhalten und gerade diese eingeschränkten Dinge werden auch diesen Schmerz und diese Sorgen mit sich bringen!

Ist das der Zweck des Lebens? Sich unglücklich zu machen? Oder geht es darum, glücklich zu sein? Glücklich zu sein, nicht? Das ist die Frage. Wenn Ihr wirklich Glück wollt, überlasst Euch Ihm und vertraut darauf, dass, was auch immer Er macht, richtig ist. Auch wenn, hier, dieser Verstand damit herausgefordert ist. Er kann nicht falsch liegen. Wisst Ihr, Menschen sagen oft: „Oh, weißt du, meine Religion ist die beste. Deine Religion ist falsch." Oder: „Mein Gott ist besser als deiner." Es gibt nur einen Gott. Wenn Ihr dann sagt: „Nun, mein Gott ist besser, dein Gott ist falsch", dann sagt Ihr damit , dass Euer Gott einen Fehler damit gemacht hat, einige Menschen *dieser* Religion zuzuführen, nicht wahr? Und wie kann Gott einen Fehler machen? Es ist einfach so, dass jedermann lernen muss!

Wenn man wirklich Gottes Gnade erlangt hat, um zu erleben, dass alles Eins ist, und es gibt kein Urteil, dann wird die äußere und die innere Welt dasselbe sein.

● ● ●

Was bedeutet Brahmachari?

Shree Peetha Nilaya, Springen, Deutschland, 6. Januar 2012

Brahmachari bedeutet, jemand der dem Göttlichen hingegeben ist, der für Gott lebt.

Frage geht weiter: Und welche Regeln haben sie zu befolgen?

Die Regeln der Brahmacharia.

● ● ●

Wie können wir die Gnade Gottes gewinnen?

Shree Peetha Nilaya, Springen, Deutschland, 6. Januar 2012

Indem man Ihn vollständig liebt.

Die Frage geht weiter: Wenn wir die Gnade Gottes erhalten, ist das dann nur für einige Dinge oder manchmal?

Nein, sie ist für ewig.

Die Frage geht weiter: Können wir die Gnade Gottes

auch verlieren?

Nein, man verliert sie nicht.

Die Frage geht weiter: Und wenn wir die Gnade Gottes haben, können wir sie für immer in unseren Leben manifestieren?

Ja, wenn Ihr das wollt.

Die Frage geht weiter: Und wenn ja, wie können wir das machen?

Indem Ihr liebt.

Die Frage geht weiter: Danke Swamiji, Liebe, Liebe, Liebe

Das ist es, nichts weiter.

Das erinnert mich an eine Geschichte, die ich Euch vor ein paar Tagen während des Darshans erzählt habe, über die Vögel, den Mann von St. Silouan. Erinnerst Du Dich, Pepe (Swami VishwaVijayananda)? Erzähl uns die Geschichte. Er sucht nach der Datei. Sag mir was das heißt. Der Mann, der sich wünschte ein Engel zu sein und fort zu fliegen.

Swami VishwaVijayananda:

Ja, ein Mann, der Jäger war, jagte in den Bergen, aber er fand nichts. Er konnte nicht. Er saß auf der Bergspitze und sah Vögel von einer Bergspitze zur andern fliegen, und er dachte: „Oh, wenn ich nur

Flügel hätte, es wäre doch schön auf die andere Seite des Berges zu fliegen, damit ich auch sehen könnte, was dort geschieht." Und auf diesem Berg kam ein Einsiedler zu ihm und sehend, was er dachte, sagte er zu ihm: „Du wünschst dir Flügel zu haben. Doch schau, wenn du Flügel hättest um auf die andere Seite des Berges zu fliegen, wärst du auch nicht glücklich. Du hättest dann gerne größere Flügel, um in den Himmel zu fliegen, und im Himmel wärst du auch nicht glücklich. Du würdest dir dann wünschen, Flügel zu haben wie die Engel. Und im Himmel würdest du die Dinge nicht verstehen. Du würdest bitten 'Ja, ich hätte gerne volles Wissen'. Und wenn du volles Wissen hättest, wärst du auch nicht glücklich. Du würdest darum bitten, ein Cherubim zu sein, weißt du, die näher und am nächsten bei Gott sind. Und als Cherubim wärst du auch nicht zufrieden, du würdest dann Gott bitten 'Weshalb bin ich nicht Meister des Universums?', und dann wärst du wie Luzifer, alles verlierend." Auf diese Art und Wiese funktioniert der Verstand. Er will immer mehr und mehr.

Swami Vishwananda:

Es ist dasselbe mit der Gnade Gottes, seht Ihr. Wenn Ihr die Gnade Gottes empfangt, solltet Ihr sie zu schätzen wissen. Es ist nicht so, dass Gott sie Euch wegnimmt. Wenn Gott diese Gnade erst einmal gibt, wenn Ihr diese Gnade gewinnt, ist das für ewig. Doch Ihr müsst wissen, wie man damit umgeht, wie man sie gut einsetzt.

Doch wenn Ihr sie missbraucht, was wird dann geschehen? Natürlich wird sie dann ruhen. So, wenn Ihr erst einmal die Gnade Gottes realisiert, wenn Ihr die Gnade Gottes erhaltet, weiß Gott, dass Ihr dafür bereit seid, wisst Ihr. Und wenn Ihr bereit seid, erst dann wird Er sie Euch geben. Wenn Ihr nicht bereit seid, weshalb soll Er sie geben? Also, seid geduldig.

Deshalb sagen die Gottheiten ´Abaihasto` Geduld. Ich kenne dieses Wort, niemand mag es, doch alle Gottheiten sagen: „Hey, wartet, Geduld!" Nicht? Seht, Maha Vishnu dort, Ganesha, Amba, Durga, Maha Lakshmi, Sie alle sagen: „Geduld." Und Ihr sagt: „Nein, nein, nein, nein, schnell, schnell." Nun? Was schnell kommt, geht auch schnell.

Deshalb hat Maha Lakshmi zwei Hände wie diese (eine oben, die andere unten). „Habt Geduld, Ihr werdet Erfolg haben. Ich gebe es Euch schnell, und schnell stürzt Ihr ab." Deshalb ist die Hand unten.

● ● ●

Was ist das größte Hindernis auf dem spirituellen Weg für einen Mann oder eine Frau?

Shree Peetha Nilaya, Springen, Deutschland, 6. Januar 2012

Das größte Hindernis ist, töricht zu sein.

● ● ●

DAS WIRD AUCH VORÜBER GEHEN

Lebe frei und glücklich – jetzt!

Materieller Wohlstand

Ist es falsch, nach materiellem Wohlstand zu streben?

Edinburgh, Schottland, 6. Mai 2012

Nein. Überhaupt nicht. Solange Ihr *auch* nach Gott strebt, oder nach dem Göttlichen, tut Euer Dharma! Aber versucht, nicht daran anzuhaften.

• • •

Wie verbessere ich meine materielle Situation?

Belgrad, Serbien, 22. September 2011

Sorgt Euch nicht darum. Aber sitzt nicht herum und sagt: „Ok, Gott wird's geben." Nein, Ihr müsst Euch bemühen, doch macht Euch keine Sorgen darum!

• • •

PLANET ERDE

Warum gibt es solch einen Mangel an Liebe und Mitgefühl unter unseren Führern dieser Welt? Und wie können wir sie von der Dunkelheit ins Licht führen?

Edinburgh, Schottland, 6. Mai 2012

Nun, betet für sie. Sie brauchen mehr Gebete. Damit sie das Land auf gute Weise regieren können.

•   •   •

Kannst Du uns sagen, ob mehr UFOs zu uns kommen werden?

Edinburgh, Schottland, 6. Mai 2012

Schwierig zu sagen. Ich weiß nicht so viel darüber. Nun, seht Ihr, da Menschen mit Sicherheit nicht die einzigen in dieser Welt sind, gibt es mehr Sichtungen. Ich persönlich habe noch nie welche gesehen. Um Euch die Wahrheit zu sagen, ich bin bis jetzt noch nie Außerirdischen begegnet. Aber es ist nicht so, dass ich nicht glaube, dass sie existieren, wisst Ihr? Sie existieren, und ich *weiß*, dass sie existieren.

Ich erinnere mich, einmal bin ich mit jemandem irgendwohin gereist. Ich sagte ihm, dass ich fühlen könne, dass eine höhere Energie von außerirdischen Dingen ringsum sei, und witzigerweise, am nächsten Tag, in der Zeitung, wurde von Sichtungen berichtet, von denen Menschen Bilder gemacht haben, sie haben es durch ein Teleskop gesehen, dass es einige Sichtungen gab. Es gibt sie also. Und besonders in England, Ihr wisst sehr gut über die Kornkreise Bescheid, all das.

Das ist, um die Leute zu erinnern, dass Menschen aufpassen müssen, wie sie mit Mutter Erde umgehen. Wenn Ihr Euch anseht, wie respektlos Menschen Ihr gegenüber sind. Sie weisen keinerlei Respekt darin auf, wie sie Sie behandeln. Wisst Ihr, sie gehen auf Ihr, aber sie haben keine Dankbarkeit oder Wertschätzung dafür, wie wichtig Sie ist. Wie viele Menschen sehen die Erde an und sagen „Dankeschön" zu Ihr? Sehr wenige! Aber Sie ist das Wichtigste. Sie ist die Mutter, die uns *alle* erhält. Sie ist die Mutter für jeden, tolerant, Mitgefühl gebend, Nahrung spendend, für jeden sorgend. Aber dennoch, seht, wie die Welt Sie behandelt. Sicherlich ist man sich heutzutage dessen mehr bewusst. Deshalb kamen sie, um die Menschheit zu erinnern, dass sie auf die Natur Acht geben muss, dass sie sich um diesen Planeten kümmern muss. Und, wie wir sehr wohl wissen, ist Bhumi Devi einer der *schönsten* Planeten, die existieren. Einer der *lebendigsten* Planeten, die existieren. Wo all die Elemente sehr wirksam sind. Alle fünf Elemente sind sehr aktiv. Andere Planeten haben dahingegen nicht alle fünf Elemente im Einsatz. Sie weisen nur wenige Elemente auf. Das ist der Grund, warum diese Wesen kommen und sagen: „Bitte, wacht auf!"

Aber es ist auch an *uns*, das zu realisieren, wisst Ihr. Dass *wir* aufwachen und uns um Sie kümmern müssen. Es geht nicht darum, eine große Konferenz zu halten, wie man Mutter Erde retten kann. Dies bringt uns nirgendwo hin. Man bleibt immer nur beim Reden. Aber es hängt von *jedem einzelnen* ab, sich zu ändern, sich zu kümmern, selbst auf die einfachste Art. In den *kleinsten* Dingen sich bewusst zu sein wie man Sie schützt und Sie pfleglich behandelt. Und betet auch für Sie, was sehr wichtig ist.

●　●　●

Gibt es Leben auf anderen Planeten in unserem Sonnensystem?

Edinburgh, Schottland, 6. Mai 2012

Wisst Ihr, in unserem Sonnensystem – das, was wir darüber wissen, was die Menschen darüber wissen, ist nur ein Teil davon. Wisst Ihr? Sie sind immer noch dabei, neue Planeten zu entdecken, *im* Sonnensystem selbst.

Also, ob dort Leben ist, oder nicht... mit Sicherheit sind wir nicht die Einzigen hier.

Und wenn wir über dieses Sonnensystem reden – dieses Sonnensystem hat andere Dimensionen, die nicht zu sehen sind. Und dort, das kann ich Euch mit Gewissheit sagen, dort *gibt* es Leben.

●　●　●

Was ist das Goldene Zeitalter?

Satsang mit russischen Devotees,
Shree Peetha Nilaya, Springen, Deutschland, 6. März 2011

Muss ich das beantworten? Was ist das Goldene Zeitalter? Nein, ich frage jetzt *Euch*!

Zuhörer: Satya Yug.

SV: Ja, aber das ist nur eine Übersetzung. Sagt mir, was es ist.

Zuhörer: Jahr der Gerechtigkeit.

SV: Jahr der Gerechtigkeit.

Zuhörer: Königreich der Wahrheit.

SV: Satya Yug, Königreich der Wahrheit. Weiter, erzählt mir mehr.

Zuhörer: Gegenseitiges Verständnis, Liebe, Wissen, Möglichkeit um Selbstverwirklichung in einem Leben zu erlangen.

SV: Verwirklichung zu erlangen macht keinen Sinn. Im Satya Yuga seid Ihr bereits verwirklicht. Es macht keinen Sinn, danach zu suchen.

Natürlich ist all das, was Ihr gesagt habt, richtig. Aber Satya Yuga ist auch hier. Wenn Ihr das Ziel des Lebens erreicht, wenn Ihr Selbstverwirklichung erreicht, erreicht Ihr Satya Yuga. Ich wünschte, ich könnte Euch mehr über die Yugas erklären, wisst Ihr, wie sie in das gegenwärtige Yuga hereingebracht werden.
Wisst Ihr, es gibt kein „das Yuga, dieses Yuga, jenes Yuga".

Natürlich, im Äußeren könnten Menschen sagen, dass man die Zeit hatte, in der das Göttliche mehr zugegen war. Könnt Ihr sagen, dass das Göttliche jetzt nicht gegenwärtig ist? Er ist immer - gegenwärtig! Er ist ebenso gegenwärtig wie es im Kali Yuga war, wisst Ihr? Aber der Geisteszustand des Menschen, also das, was man wahrnimmt, dieser Verstand verweilt über verschiedene Zeitalter hinweg hauptsächlich im Außen. Insbesondere in dieser Zeit jetzt, wir nennen sie das Dunkle Zeitalter, aber es ist nicht das Dunkle Zeitalter, es ist nicht das Zeitalter, welches dunkel ist, es ist der Geist des Menschen, der dunkel ist. Wohingegen im Satya Yuga nennen wir es das Goldene Zeitalter, weil Körper, Geist und Seele *vollständig* dem Göttlichen Willen ergeben waren. Menschen tun in diesem Yuga Dinge, nur um das höhere Bewusstsein zu erfreuen.

Nicht ein einziges Mal denken sie von sich selbst, dass sie Individuen seien, dass sie getrennt seien. Sie haben dieses großartige Wissen, dass alles Er ist, Der durch die Einheit wirkt.

Wir reden über die Dreifaltigkeit, wisst Ihr? Vater, Sohn und Heiliger Geist. In der hinduistischen Tradition stellen wir das als einen Baum dar. Der Vater ist die Wurzel des Baums. Der Heilige Geist ist die Ader, im Innern des Baums. Der Sohn ist die Rinde des Baums und alle Menschen sind die Blätter des Baumes. Somit ist jeder verbunden, in Einem. Das ist das, was aus der Pflanze Eins macht. Und im Goldenen Zeitalter gab es Wissen, und sie waren nicht im Intellekt. Es gab Weisheit, aber da war kein Verstand. Aber durch die Zeitalter hindurch erobert der Verstand, erobert, erobert. Seht jetzt den Verstand, wie er ist. Das ist der Grund, warum wir davon sprechen, den Verstand zu beruhigen, nicht? Warum praktiziert Ihr Meditation? Um nach dem Göttlichen zu suchen. Doch wenn der Verstand beschäftigt ist, wie könnt Ihr das Göttliche finden? Es ist nicht möglich. Das erste Instrument, das Ihr beruhigen müsst, ist der Verstand. Und wie den Verstand bezähmen?

Ihr kontrolliert die Sinne, Ihr kontrolliert was Ihr zu Menschen sagt, Ihr kontrolliert Eure Hand, Ihr kontrolliert Eure Zunge, kontrolliert Euer Riechen, Euer Hören. Wenn Ihr die fünf Sinne kontrolliert, werdet Ihr auch in der Lage sein, den Verstand zu kontrollieren. Und wenn *das* schwierig ist, dann singt die Göttlichen Namen. Berauscht Euch an Seinen Namen. Taucht in den Göttlichen Namen ein, dass tief in Euch jeder Teil von Euch nur noch den Göttlichen Namen widerhallt. Es gibt nichts, was so einfach ist.

Es gibt einen großen Heiligen namens Swami Dnyaneshwar.

Übersetzer: … „Jya", oder „Dya"?

„Dee-yaneshwar", „Gya-neshwar", es ist das Gleiche. Sagt mir, was ist der Unterschied zwischen „Dee-yaneshwar", „Gya-neshwar", „Jna-neshwar" oder was auch immer. Es ist nur, wie Ihr es ausprecht. Wisst Ihr, in Hindu und in Sanskrit ist „dya" und „gya" das Gleiche. Ihr könnt „dyana" oder „gyana" sagen, es bedeutet dasselbe. Aber dann kann man es in zwei Teile aufteilen, je nachdem wie man es benutzt. „Gyana" kann Weisheit entsprechen. „Dhyana" kann als Konzentration verstanden werden. Folglich bedeuten „d" und „g" das Gleiche.

„Gya-neshwar", „Dya-neshwar". Es ist ein guter Name. Wahrscheinlich wird mich jemand anderes bitten, ihm diesen Namen zu geben. Radhadas, willst du deinen Namen ändern?

[Zuhörer lachen]

So, worüber haben wir jetzt geredet?

Zuhörer: Dnyaneshwar.

Ah, das Goldene Zeitalter. Ja, also Sankt Dnyaneshwar, er war derjenige in Maharashtra, der das Singen der Göttlichen Namen verbreitet hat. Das Gleiche im Osten, dort war es Chaitanya Mahaprabhu. In Maharashtra, welches im Westen Indiens ist, war es Sankt Dnyaneshwar. 1600 war es Tukaram. Sie zeigten, dass man das Göttliche erreichen kann, auch indem man tut, was immer man tut, aber sich *unaufhörlich* an das Göttliche erinnert. Sie wurden in eine Familie von sehr niedriger Kaste geboren, eine sehr einfache, bescheidene Familie, nur um zu zeigen, dass jeder durch den Göttlichen Namen, was *leicht* ist, Gott erreichen kann.

Seht, über verschiedene Yugas zu reden – das sind bloß Worte. Wenn Ihr Euch selbst in das Dunkle Zeitalter zieht – welches wir Kali Yuga nennen – wenn Ihr Euren Verstand die Kontrolle über Euch übernehmen lasst, wie werdet Ihr? Ihr werdet extrovertiert, Ihr werdet eine sehr verärgerte Person, Ihr entwickelt all diese Eigenschaften. Aber genauso, wenn Ihr Euch nach innen richtet, durch Eure Sadhana, wachst Ihr Stückchen um Stückchen, bis Ihr das Goldene Zeitalter erreicht, bis Ihr den Zustand jenseits des Verstandes erreicht. Darum sagen wir jetzt, Menschen, die auf dem spirituellen Weg sind, Ihr seid in Richtung Dwapara Yuga unterwegs. Anschließend bewegt Ihr Euch in Richtung?

Zuhörer: Treta Yug.

Ihr könnt es jetzt tun! Ihr braucht also nicht viele Geburten abzuwarten!

●   ●   ●

WELTKRISE

Wann wird es Frieden auf der Erde geben?

Split, Kroatien, 19. September 2011

Wann, denkt Ihr, wird es Frieden auf der Erde geben?

Zuhörer: Wenn er in uns sein wird.

Nun, es wird Frieden auf der Erde geben, wenn jeder von Euch friedlich mit sich selbst ist. Was jetzt ist! Seht, man kann keine Bombe in der Hand halten, die jeden Moment explodiert, und dann rufen: „Ich will Frieden, ich will Frieden." Passt das zusammen? Nein, das passt nicht zusammen. Aber das ist es, was die Welt tut, wisst Ihr. Sie machen sich Wut und Angst zunutze, und dann nennen sie es Frieden. Und alle sagen: „Ja, bravo. Das wollen wir." Wenn der amerikanische Präsident im Fernsehen über Frieden spricht, dann applaudieren alle und sagen: „Ja, du bist großartig." Und wenn sie andere Länder bombardieren, sind alle froh. Ist das Frieden? Das ist kein Frieden!

Es wird Frieden auf der Erde sein, wenn jeder wirklich und wahrhaftig friedvoll mit sich selbst ist, und es geht nicht um einen großen Frieden. Nein. Es geht darum, dass jeder eine friedvolle Person wird. Denn wenn Ihr Frieden ausstrahlt, wenn Ihr in Euch friedvoll und ruhig werdet, dann werdet Ihr wie ein Energiepunkt werden.

Habt Ihr jemals gesehen, was passiert, wenn Ihr einen Stein ins Wasser werft? Es gibt einen Punkt, an dem der Stein ins Wasser gefallen ist, und dann sind da viele Kreise. Aus diesem einen Punkt heraus kommen viele Kreise, nicht wahr? Sie werden größer, bis sie den ganzen See bedecken. Genauso ist es, wenn Ihr friedlich mit Euch selbst werdet, wenn Ihr mit Euch selbst in Frieden seid, dann beginnt Ihr, eine bestimmte Schwingung auszustrahlen, die wie diese Kreise ist.

Je friedvoller Ihr mit Euch selbst seid, desto größer und größer wird diese Schwingung. Wer auch immer in das Aurafeld kommt, das von Euch ausgeht, wird ebenfalls friedvoll. Und man wird, wenn man sich darin befindet, anfangen, das Gleiche auszustrahlen. Ihr werdet zum Frieden werden. Aber zu einem aufrichtigen. Dazu ist Eure Sadhana da, nicht? Wenn Ihr die Göttlichen Namen singt, dann soll dies Eurem Verstand Frieden bringen. Wenn der Verstand friedvoll ist, werdet Ihr diesen Frieden ausstrahlen. Und wenn Ihr friedvoll seid, wird Liebe im Innern erweckt werden. Bedingungslose Liebe. Und natürlich bleibt diese Liebe nicht einfach mal so Liebe, sondern sie wächst, auf verschiedenen Ebenen, bis die Liebe in sich selbst erhaben wird. Bis sie strahlt. Sogar heller als dieses Licht. Aber das hängt davon ab, wie viel Ihr auch selbst gebt.

•   •   •

Kinder verhungern!

Split, Kroatien, 19. September 2011

Aber was ist die Frage?

Zuhörer: Warum?

Übersetzer: Wahrscheinlich „Warum?"

Nicht warum, ich frage die Person, die das geschrieben hat. Wer hat diese Frage geschrieben? Gerade letzte Woche gab es eine Frage in einem Satsang. Ich fragte die Zuhörer, doch niemand antwortete. Sie hat sich einfach manifestiert [lacht]. Bitte nenne mir *die Frage*. Es ist eine wunderbare Frage. Bitte, sei nicht schüchtern.

Ich nehme an, die Person ist gegangen? Also, Kinder verhungern. Nun, nicht nur Kinder verhungern. Es gibt viele Menschen, die verhungern. Aber was ist die Frage *dahinter*? *„Was kann man tun, um zu verhindern, dass Menschen verhungern?"* Fangt an einzusparen. Und erkennt Eurerseits, wie wunderbar das ist, was Ihr habt. Denn sehr oft nehmen die Menschen das Leben als selbstverständlich hin. Wie ich sagte, dieser Körper wurde Euch gegeben. Ihr seid gesund, Ihr habt Hände, Augen, Füße, alles. Stellt Euch jemanden vor, der all das nicht hat. Wie würde sein Leben aussehen?

Und dennoch, ich sag Euch etwas. Ich habe Menschen gesehen, die *nichts* haben. Kinder, die verhungern. Manchmal haben sie für *Wochen* kein Essen. Sie haben viel mehr Liebe in sich, als jemand, der alles hat. Denn ich habe Menschen getroffen, die *alles* haben, aber sich ständig über alles beklagen. Frage sie.

Wir waren in Südafrika. Dort gibt es ein Heim für Aids-Kranke.

Ebenso in Kenia, wir haben ein Kinderheim, das wir besuchen. Diese Liebe! Wenn ich dorthin gehe – diese Liebe! Was soll ich Euch sagen. Dort gibt es so viel Liebe, dass man weinen möchte. Diese Art von Liebe gibt es dort. Auch jetzt, wenn ich darüber spreche... Seht Ihr, die Menschen nehmen das Leben stets als selbstverständlich hin. Nehmen das Leben, „Ok, ich kann mich über dieses und jenes und dieses und jenes beklagen." Aber es gibt Menschen, die nichts haben.

Die Menschen in diesem Heim, diesem Aids Heim – sie *wissen*, dass sie sterben werden. Aber sie sind dankbar für das bisschen Leben, das sie *haben*. Sie sind voller Freude, wirklicher fröhlich, nicht aufgesetzt, sondern wahrhaftig. Das Kinderheim, als wir es besuchten, als wir bei den Kindern dort waren – sie haben keine Arme! Manche von ihnen können nicht einmal den Rollstuhl bewegen, aber sie sind glücklich! Wenn man in ihre Nähe kommt, rufen sie einen. Wenn man dorthin geht, dann hält man sie einfach fest. Das ist es, was sie brauchen.

Wir können nicht den ganzen Hunger stoppen, aber wir können Menschen glücklich machen! Zunächst einmal seid dankbar Euch selbst gegenüber. Wenn Ihr Euch selbst anschaut, dann seid wirklich dankbar, dass Gott Euch alles richtig gegeben hat – Ihr seid nicht krank, Ihr seid gesund. Ihr habt Hände, Ihr habt Füße, Ihr habt alles, Ihr habt Essen. Ihr habt ein Zuhause. Ihr habt Kleider. Ihr habt Liebe. Die Menschen lieben Euch, es sind Menschen um Euch herum. Ihr habt Freunde, die da sind. Aber diese Menschen haben niemanden. So, zunächst einmal beklagt Euch nicht, sondern seid dankbar. Und wann immer Ihr Zeit habt, Menschen zu helfen, geht und seid mit diesen Menschen zusammen. Sie brauchen nicht Euer

Geld, Sie brauchen nicht Euer Essen oder sonst etwas. Sondern, was sie brauchen, ist, dass Ihr für sie da seid. So wie jeder immer gern möchte, dass jemand für ihn da ist. Sie möchten das auch.

Es gibt eine Frau mit Namen Helen, sie gehört zu einer Gruppe, die sich „Herz-Doktoren" nennt. Diese Herz-Doktoren sind eigentlich Sai Baba Anhänger. Sai Baba schickte sie an Orte, wo Menschen nicht hingehen würden. Und es ist *wunderbar*, was sie den Menschen geben. Viele Male wurden sie entführt, aber ihr Vertrauen in das Wort des Gurus rettete sie jedes Mal. Ihr Glaube, dass sie etwas für Gott tun, dass sie Gott dienen, in jedem, rettet sie immer wieder. Und das ist das Wichtige. Wenn Ihr Menschen helfen wollt, müsst Ihr an Euch selbst glauben, dass Ihr wirklich eine gewisse Veränderung bewirken wollt. Und seid dankbar für das Leben.

●　●　●

Was sollte man in der Welt angesichts der materiellen Krise tun?

Belgrad, Serbien, 22. September 2011

Und wieder die materielle Krise.

Seht, wir sorgen uns so sehr über die materielle Krise, dass wir die Krise noch verstärken. Ihr wisst das, nicht wahr? Wenn Ihr über etwas sehr intensiv nachdenkt, dann lasst Ihr es geschehen, oder Ihr bewirkt es, Ihr zieht es an! Das ist die Macht des Geistes: die Macht zu fesseln. Hier macht sich jeder *Sorgen* über die materielle Krise – wird die materielle Krise davon verschwinden? Nein, Ihr macht sie größer!

Ich erinnere mich, dass mich jemand vor einigen Monaten gefragt hat: „Swamiji, die Welt verändert sich so sehr. Macht Dir das keine Sorgen?" Ich antwortete: „Nein, so viele Menschen machen sich bereits Sorgen. Warum sollte ich?"

Seht, hinter all dem lässt Gott die Menschen die Begrenztheit der materiellen Dinge sehen. Dass es etwas gibt, das *wichtiger* ist, nämlich das Leben selbst. Die Menschen vergessen zu leben! Wenn Ihr Menschen auf der Straße laufen seht, dann fragt Ihr Euch: „Leben sie wirklich? Sie laufen, ja, aber Leben ist nicht darin. Die Lebenskraft erschöpft sich."

Und hier hat Gott nun eine materielle Krise geschaffen, damit jeder anfängt, über Ihn nachzudenken. Wie Krishna sagte: „Ich werde meinen Devotees alles nehmen, so dass sie nur noch an Mir festhalten." Deshalb haben Devotees stets große Probleme. Sie sagen dann: „Du meine Güte, ich kann auch an Gott festhalten, selbst wenn ich alles habe", aber sehr häufig ist die Qualität anders.

Die Menschen sehen nur bis hier. Sie sehen nicht das Große..., oder was etwas weiter vor ihnen liegt, und ein beschränktes Urteil wird gefällt, nur nach dem, was sie für richtig halten. Wie oft trefft Ihr im Leben eine bestimmte Entscheidung – Ihr habt ein starkes Gefühl in Euch, eine Entscheidung zu treffen – doch dann entscheidet Ihr Euch anders und sagt: „In Ordnung". Ihr beginnt zu argumentieren: „Ok, ich werde mit dieser Entscheidung glücklich sein." Und anschließend seht Ihr, dass Ihr sehr unglücklich seid. Dann sagt Ihr: „Oh, ich hätte nach meinem inneren Gefühl gehen sollen." Das passiert viele Male im Leben.

Ihr seht nur diese Begrenztheit, aber Er hat eine größere Sicht davon! Darauf solltet Ihr vertrauen. Und steuert nicht zu viel zur Krise bei.

* * *

Wie können wir unseren Ländern, der Göttlichen Mutter, positive Energie senden, besonders in dieser Zeit der weltweiten Krise?

Shree Peetha Nilaya, Springen, Deutschland, 6. Januar 2012

Zuerst einmal dadurch, dass Ihr Euch nicht auf die weltweite Krise konzentriert. Zweitens, indem Ihr positiv bleibt. Denn wenn Ihr positiv seid, werdet Ihr alles um Euch herum positiv machen, aber wenn Ihr negativ werdet, dann tragt Ihr überhaupt nichts dazu bei – und betet. Betet für Mutter Erde, betet für alle Menschen. Das hilft eine Menge. So werdet Ihr Eurem Land und Mutter Erde Positivität schicken – aber zuallererst müsst Ihr positiv sein.

Und noch etwas könnt Ihr tun, ich habe diese Meditation einmal gemacht, ich glaube, es war während der Bhu Devi Yagna. Ihr könnt Euch zu einer bestimmten Zeit hinsetzen, oder auch andere Menschen dazu bewegen, sich zu einem bestimmten Zeitpunkt hinzusetzen, und während dieser Zeit haltet Eure Hände so [Swamiji demonstriert dies mit geöffneten Armen, die Hände geöffnet und die Handflächen sind leicht nach außen gedreht], denn die Hand trägt eine Menge an Schwingung in sich. Visualisiert die Erde in Euren Händen, aber Ihr haltet sie nicht, sie ist etwas weiter oben. Visualisiert, dass die Erde hier ist, visualisiert das und sendet Positivität. Aber passt auf, dass Ihr keine Negativität sendet. Wenn

Ihr negativ seid im Geist, wenn Ihr wahrnehmt, dass der Verstand in dem Moment negativ ist, hört schleunigst auf damit.

• • •

2012

Ist 2012 der Beginn eines neuen Zeitalters, wie von vielen prophezeit?

Edinburgh, Schottland, 6. Mai 2012

Nun, wir werden sehen.

*   *   *

Wird es einen Energie- und Bewusstseinssprung geben am Ende dieses Jahres? Was sollen wir diesbezüglich tun?

Edinburgh, Schottland, 6. Mai 2012

Betet. Seht Ihr, wir sind im Jahr 2012, nicht wahr? Endlich ist dieses große Jahr gekommen.

[Zuhörer lachen]

Nun, wir werden 2013 sehen, was passiert. Manche Leute sagen, dass Ende 2012 das Ende der Welt sein wird. Gut. Das ist schön, nicht wahr? Wenn es das Ende der Welt sein wird, werdet Ihr Mukhti erreichen, was bedeutet, dass der Himmel brechend voll sein wird.

[Zuhörer lachen]

Ein „Bewusstseinssprung" – nun, damit der Bewusstseinssprung geschehen kann, müsst Ihr an Euch arbeiten, nicht wahr? Ihr könnt nicht nur da sitzen und warten und sagen: „Gut, ich muss nichts tun. Am Ende des Jahres wird sich die Welt vollständig ändern, es wird einen Bewusstseinssprung geben, also werde ich ein Heiliger werden." Wenn es so einfach wäre, dann würden die Yogis sagen, dass es keine Rolle spielt. Nein, es hängt alles vom *Jetzt* ab, wie sehr Ihr Euch verändert. Ob es einen Bewusstseinssprung geben wird oder nicht, ob es das Ende der Welt sein wird oder nicht – hängt *jetzt* von Euch ab.

●　●　●

Ratet mal, welche Frage als nächstes kommt..., ja, hundert Punkte!

Shree Peetha Nilaya, Springen, Deutschland, 10. Februar 2012

Ich werde es auslassen - dieses 2012. Wir sind im Jahr 2012! Ha, welch ein Schock!

„*Katastrophe für Dezember 2012 angekündigt.*" Ob eine Katastrophe eintritt, ok? Was könnt Ihr tun? Es ist eine Katastrophe. „Verheerung!" Da könnt Ihr gar nichts tun.

Also, wie viele glauben, dass die Welt 2012 untergehen wird? Dass dies das letzte Jahr ist, das Ihr erlebt. Wie viele von Euch glauben das? Eh? Niemand? Warum habt Ihr mir dann so eine törichte Frage gestellt?

„Katastrophe für Dezember 2012 angekündigt." He, nichts wird passieren. Warum müsst Ihr Euch alle auf Angst konzentrieren? Hm? Jedes Mal!

Schaut, Ihr seid hier, um frei zu leben, zu leben, um Gott zu erreichen, um frei zu sein! Und dann rennt Ihr all diesen Ankündigungen nach. Wenn es nicht 2012 ist, dann wird es 2036, oder 2021, oder sonst irgendwann sein. Und dann lebt Ihr in Angst. Dann wird es heißen, fein, 2012 ist nichts geschehen, oh gut – große Heilige haben Dinge auf sich genommen und die Menschheit gerettet. Wisst Ihr? Aber so ist das nicht.

Warum müsst Ihr nach Vorhersagen leben? Warum könnt Ihr nicht einfach leben, frei leben? Warum müsst Ihr in Angst leben? Wenn ich Euch sagte: „Ja, eine große Katastrophe wird geschehen...", wäret Ihr dann glücklich? Hm? Würdet Ihr anfangen, ein Loch in Eurem Garten zu graben? Woher würde die Katastrophe kommen? Aus dem Innern der Erde? Ein Vulkan? Oder von oben? He?

Kümmert Euch um das Jetzt, *seid* jetzt, *jetzt* seid Ihr glücklich. Lebt jetzt, im Moment. Warum müsst Ihr Euch um die Zukunft sorgen? Sorgt Euch darum, dass Ihr Ihn erreicht. *Darum* solltet Ihr Euch Gedanken machen, dass Ihr alles unternehmt, um Ihn zu erreichen.

Euch darum Sorgen zu machen, was nicht in Eurer Hand liegt – warum verschwendet Ihr Eure Zeit? Ihr macht Euch gern Sorgen, nicht wahr? Die Menschen lieben das, und dann sagen sie: „Nein, nein, nein, wir machen uns überhaupt nicht gern Sorgen." Aber dann, wenn man sie ruft und sagt: „Komm, erzähl mir", dann sagen sie: „Oh, weißt Du, dies macht mir Sorgen, das macht mir Sorgen und jenes macht mir Sorgen."

● ● ●

Kannst Du uns bitte etwas über 2012 sagen?

Belgrad, Serbien, 22. September 2011

[Zuhörer lachen]

Nun, wird es eine Menge Krisen geben? Weil sich viele Menschen mit vielen Krisen- Gedanken tragen. Wird es viele Veränderungen in der Welt geben? Das Wetter verändert sich, weil alle sich darüber Sorgen machen. Die Olympischen Spiele werden in London stattfinden. Viele Menschen werden glücklich sein, viele werden unglücklich sein. Was wollt Ihr noch weiter hören?

Seht, ich weiß, worüber Ihr Leute nachdenkt. Es ist nur so, dass ich diese Frage immer vermeiden möchte, weil ich diese Frage nicht gerne beantworte. Die Menschen klammern sich immer an ... Dazu sagen einige, dass 2012, am 21. ...?

Zuhörer: Dezember.

SV: Ah, Ihr wisst das sehr genau, eh?

             [Zuhörer lachen]

..., dass am 21. Dezember alle erleuchtet werden. Wenn das so einfach wäre, dann würde ich Euch sagen: „Setzt Euch einfach hin." Wisst Ihr? „Tut gar nichts." Ihr braucht nichts zu machen, wenn Ihr erleuchtet werdet, nicht wahr? Wenn das so einfach wäre ..., die Heiligen meditieren, die Heiligen singen die Göttlichen Namen, nur um Seine Gnade zu erhalten. Und wenn Ihr glaubt, dass am 21. Dezember 2012 Gott einfach so sagen wird: „Ok, Ich bin heute gnädig, Ich werde sie allen gewähren." – he, Ihr wäret nicht in der Lage, damit umzugehen. Ihr würdet verrückt werden! Ihr werdet feststellen, dass 2012 nichts passieren wird.

Und wenn Ihr wirklich wollt, dass etwas geschieht, wenn Ihr wirklich denkt, dass Ihr erleuchtet werdet oder sonst irgendwas, dass Ihr Seine Gnade am 21. Dezember gewinnen könnt und wenn Ihr *fest* daran glaubt, dann fangt jetzt an, daran zu arbeiten. Inständig. Ihr werdet möglicherweise Seine Gnade erlangen. Aber wenn Ihr glaubt, dass 2012 die Welt enden wird – nun, leider muss man sagen, Nein, sie wird nicht enden. Aber möglicherweise, weil Ihr *so intensiv* daran denkt, könnte es das Ende für *Euch* sein. Vielleicht sterbt Ihr. Es wird das Ende von etwas sein!

Auf diese Frage treffe ich überall. Die Menschen machen sich so viele Sorgen um 2012. Was macht Ihr Euch Gedanken um 2012? Sagt es mir! Erzählt mir ein bisschen, ich wollte diese Frage stellen. Ich habe diese Frage nie gestellt: Was, denkt Ihr, wird 2012 passieren? Die Menschen haben immer diese Frage, das bedeutet, dass sie mit Sicherheit an etwas denken. Sagt es mir, bitte.
Zuhörer: Was der Guru sagt, wird geschehen.

SV: Das ist eine interessante Frage. Wohin man auch geht in der Welt, ob es nach Russland ist, Südafrika, irgendwohin, alle stellen dieselbe Frage. Beängstigend, nicht wahr? Sollten wir beginnen, uns Sorgen zu machen?

Zuhörer: Nein

SV: He! Aber warum machen sich dann alle Sorgen wegen 2012?

Im Jahr 2012 ist es immer noch dasselbe – wir sind immer noch hier. Aber anstatt Erleuchtung zu bekommen, denn sie werden nicht erleuchtet werden, brennen sie völlig aus. Dann sind sie auch „erleuchtet" [lacht]. Wenn man etwas kocht, wenn es zu lange kocht, was passiert dann? Es brennt an, nicht?

Aber eine Sache hat sich verändert: viel mehr Menschen sind auf dem spirituellen Weg. Das ist gut. Viele Menschen *suchen* nach etwas Mehr im Leben, denn, seht Ihr, die äußere Welt hat ihre Begrenzung, sie gibt Euch nur begrenzte Freude. Wenn Ihr diese begrenzte Freude wollt, dann werdet Ihr nur für kurze Zeit glücklich sein. Wenn Ihr *echtes* Glück wollt, müsst Ihr Euch selbst hingeben. Ihr müsst Eure Sadhana *machen*, nicht wahr?

Ich habe das über die Krise in Serbien gesagt. Nun, es gibt Krisen, nicht nur in Serbien, sondern überall. Deshalb sagte ich: „Betet für Euer Land." Nicht nur für einen selbst, sondern betet für das Land selbst. Und animiert andere Menschen, für das Land zu beten. Es ist wichtig.

●　●　●

JUST LOVE

INDEX UND GLOSSAR

Für eine ausführliche Index Auflistung und ein Glossar der JUST LOVE Buchreihe, besuchen Sie bitte:

www.justlove-thebook.org

SRI SWAMI VISHWANANDA

Die Essenz von allem

ist einfach

LIEBE